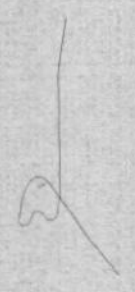

大夏书系·阅读教育

小学阅读教学创意

孙建锋 著

华东师范大学出版社

图书在版编目（CIP）数据

小学阅读教学创意/孙建锋著.—上海：华东师范大学出版社，2020
ISBN 978-7-5760-0328-4

Ⅰ.①小… Ⅱ.①孙… Ⅲ.①阅读课—教学研究—小学 Ⅳ.①G623.232

中国版本图书馆 CIP 数据核字（2020）第 059577 号

大夏书系·阅读教育
小学阅读教学创意

著　　者	孙建锋
责任编辑	卢风保
责任校对	殷艳红　杨　坤
封面设计	奇文云海·设计顾问

出版发行	华东师范大学出版社
社　　址	上海市中山北路 3663 号　邮编　200062
网　　址	www.ecnupress.com.cn
电　　话	021-60821666　行政传真　021-62572105
客服电话	021-62865537
邮购电话	021-62869887　地址　上海市中山北路 3663 号华东师范大学校内先锋路口
网　　店	http：//hdsdcbs.tmall.com

印 刷 者	北京季蜂印刷有限公司
开　　本	700×1000　16 开
插　　页	1
印　　张	16
字　　数	230 千字
版　　次	2020 年 7 月第一版
印　　次	2020 年 7 月第一次
印　　数	6 100
书　　号	ISBN 978-7-5760-0328-4
定　　价	49.80 元

出版人　王　焰

（如发现本版图书有印订质量问题，请寄回本社市场部调换或电话 021-62865537 联系）

目录 CONTENTS

第一章　单文阅读教学创意

第一节　创意主张　　003
　　漫说教师与文本对话　　003
　　不断逼近与文本对话的真谛　　014
　　有效：与文本对话的最佳路径　　018

第二节　创意做法　　021
　　这节课，我一句话也没有说　　021
　　小荷才露尖尖角，早有孩子"吻"上头
　　——兼谈部编教材《小池》与《池上》的创课教学　　024
　　用生活所感去读书，用读书所得去生活
　　——统编教材《掌声》的对比对话　　027

第三节　创意案例　　030
　　我和《棉花姑娘》的甜蜜"约会"　　030
　　天地大课室，师生大教材
　　——统编教材《天地人》创课教学　　034

第二章　群文阅读教学创意

第一节　创意主张　　　　　　　　　　041
　　群文阅读：寻找共同的价值取向　　　041
　　群文阅读教学要有聚焦点　　　　　　045
　　群文对话要追求"1+1大于2"　　　　048

第二节　创意做法　　　　　　　　　　052
　　创课，怎样群文阅读　　　　　　　　052
　　群文阅读，放手让学生交流共享　　　056
　　非线性思维对话的创意美　　　　　　058

第三节　创意案例　　　　　　　　　　064
　　多维、灵动又焕然一新
　　——《白鹭》教学实录　　　　　　　064
　　佳话供欣赏，悲剧供咏叹
　　——《凄美的放手》教学实录　　　　081

第三章　主题阅读教学创意

第一节　创意主张　　　　　　　　　　　105
　　主题教学的格局要阔放　　　　　　　　105
　　让主题阅读锻造成生命教育的大课　　　110
　　行走在"进托邦"教学的路上
　　——《最浪漫的事》教学例谈　　　　　112

第二节　创意做法　　　　　　　　　　　119
　　对话中人人都成为"创造的赢家"
　　——《桥》主题阅读创意设计　　　　　119
　　"肉眼、心眼、天眼"齐观
　　——《触摸春天》主题阅读创意设计　　129
　　不断寻找着字里行间的共鸣
　　——《卖火柴的小女孩》"1+N+1"的创意设计　　137

第三节　创意案例　　　　　　　　　　　142
　　基于核心素养的主题创意教学
　　——《天使，在身边》教学案例　　　　142
　　说不，是说更确定的是
　　——《用儿童定义儿童》主题创意教学实录　　150

第四章 整本书阅读教学创意

第一节 创意主张　　　　　　　　　　169
　　整本书阅读，为什么　　　　　　　　169
　　读书，不妨任性而为　　　　　　　　172
　　整本书阅读究竟要怎样教　　　　　　174

第二节 创意做法　　　　　　　　　　178
　　提高孩子整本书阅读兴趣的小心机　　178
　　"新美南吉"带给你的众多感应　　　　179
　　《哈利·波特》整本书阅读创意设计　　182

第三节 创意案例　　　　　　　　　　186
　　听　书
　　——《小王子》解读　　　　　　　　186
　　八方切入
　　——《汤姆·索亚历险记》教学案例　　195

第五章　绘本阅读教学创意

第一节　创意主张　　　　　　　　　　　　　　201

绘本教学艺术所要做的是完全不存在

——对"绘本教学行为艺术"创课的思考　　　201

要实现"基于儿童立场"的绘本教学

——以《想象不到的想象》为例　　　　　　204

绘本教学要走进"无边界学习"

——以创课《孩子们的发现》为例　　　　　　209

第二节　创意做法　　　　　　　　　　　　　　214

用故事石和孩子一起开心玩绘本　　　　　　　　214

《无翼鸟》和《小鸟 PK 大鸟》创意教学　　　　 215

《月亮上扫星星》创意教学　　　　　　　　　　221

第三节　创意案例　　　　　　　　　　　　　　227

追求原生态的课

——《失落的一角》实录与反思　　　　　　227

一次创课，一次诞生

——《V 影绘本创意教学》实录与反思　　　 237

第一章
单文阅读教学创意

CHAPTER 1

第一节 创意主张

漫说教师与文本对话

一、"下水"朗读：教师与文本对话的基础

声音是灵魂的音乐。声音性感的老师，一开口就赢了。特别是在阅读教学中，"下水"朗读是教师与文本对话的"优"声创意。因为"在人际交流中，占第一位的是姿势（55%），其次就是声音（38%），而人们最为留意的语言、措辞只占到7%"（法国临床心理学家马克·斯邦语）。这表明：我们的耳朵对旋律（声调、节奏、语调的变化等等）很敏感。声音的音乐性决定了我们是否被诱惑。较之于默读只有意义的感染，朗读多了一些优长：一是有了节奏和韵律的感染；二是这种节律感，有利于增强记忆；三是朗读不但有声音的感染力，还有形体动作与表情的感染力。从这个意义来说，朗读的体验效果是默读所望尘莫及的。故此，在备课时，即便是在非他控的状态下，教师也要有"下水"朗读的自觉意识与主观能动性。

课文冷暖读自知。"下水"朗读，在找找感觉，趟趟深浅，定定基调，酝酝感情的同时，有声音、有色彩、有味道、有温度、有质地、有血肉、有灵魂、有生命的语言文字便悄悄地活在了自己的心里，融入了自己的血液。带着这种血性为学生朗读垂范，才可能"优"声"优"色。"优"声的关键是朗读的清晰度问题——吐字归音，有三个要点：（1）字

头。吐字发声时一定要咬住字头。有一句话叫"咬字千斤重,听者自动容",说的就是这个意思。所以在发音时,一定要紧紧咬住字头,这时嘴唇一定要有力,把发音的力量放在字头上,利用字头带响字腹与字尾。(2)字腹。发音一定要饱满、充实,口形要正确。发出的声音应该是立着的,而不是横着的;应该是圆的,而不是扁的。(3)字尾。主要是归音,要弱收、到位。归音一定要到家,要完整。也就是不要念"半截字",要把音发完整。字尾要收住,不能把音拖得过长。

二、读懂课文:教师与文本对话的底线

一篇课文,教师是否真正读懂了,除了自己心知肚明外,拿到课堂上"晒一晒",是否捉襟见肘,便昭然若揭了。

设若教师对课文尚且懵懵懂懂,便走向课堂,岂不是以己昏昏,使人昭昭?

课文读懂与否,固然没有绝对权威与刚性指标,但总有一个"参照系"——就是有没有发现文本的诗心或文心,换句话说,就是有没有领悟文本中蕴藏的古今中外相通的亘古不变的充满人文情怀的普世的情感态度与价值观。

如何逼近这一"参照系"?试举隅《春夜喜雨》以抛砖引玉。

春夜喜雨
杜 甫

好雨知时节,当春乃发生。
随风潜入夜,润物细无声。
野径云俱黑,江船火独明。
晓看红湿处,花重锦官城。

短短一首诗,区区40字,怎样才算读得懂?

从题入手,破题得知:春雨,是表现的对象;夜,是落雨的时间;"喜"则是感情的主线。

那么,"喜"在哪里?因何而"喜"?这是衡量是否真正读懂文本的"参照系"。

整首诗不着一个"喜"字,"喜"究竟藏在哪里呢?

回归诗句,品读首联"好雨知时节,当春乃发生"方可晓得:喜,是因春雨而起,但雨下在夜里,既看不见,又听不见。从第二联"随风潜入夜,润物细无声"中的"潜"字,可以推断:雨悄然而至,神不知鬼不觉,因为它是"细"雨,是如牛毛、如蚕丝一般的细雨,细到无声无息,细到听觉无可省察。

既然春雨是"潜入夜""细无声",既看不见,又听不见,那么诗人是怎样感觉到的呢?

那只有一种可能,就是诗人开启了心灵的眼睛和耳朵,即凭借自己的明敏内心去感受与想象。

一个"细"字,可见诗人内心敏感之端倪。

诗人为何会对春雨有如此细腻、明敏的心灵感应呢?因为春雨是在"润物"啊!

所润何物?自然是农作物。

在那个"烽火连三月"的日子里,在那个"民以食为天"的农耕时代,对于靠天吃饭的人来讲,"春雨贵如油"啊!有了天雨的滋润,农作物就有了生机,盘中餐就有了指望。这是一场春雨,更是一场喜雨,与其说是下在地上,不如说下到了心里。于是,诗人感雨思怀,喜悦之情油然而生。

只有内在感受力明敏的人,才能为体验到农作物的潜滋暗长而默默地欣慰;只有心灵细腻的人,才能感觉到这本来不可感觉的"细"雨;只有心灵精致殷殷关切国计民生的人,才能为一场无声的细雨感到由衷的喜悦。

如果说上面两联的喜悦是内部的感觉,下面两联的喜悦,则转换到外部感官上来。

"野径云俱黑,江船火独明。"色与光的反差比衬,凸显了雨夜之黑,灯光之暖,景象之美。

"晓看红湿处,花重锦官城。"昨夜不见雨,晓见雨湿花。一个"湿"

字，使得红花更鲜艳、更水灵，更有视觉效果的"质感"；一个"重"字，更有视觉效果上的"量感"。内心的喜悦自然而然地移情到"质感""量感"聚焦的似锦繁花上。

《春夜喜雨》题中有"喜"，但通篇不见"喜"字，可仔细阅读仍能感受到喜悦之情洋溢：一种是默默的、内在的、不形诸于色的喜悦；另一种是外在的、视觉的，因突然发现雨后鲜花的茂盛而传达出的情不自禁的、形诸于色的惊喜。喜悦蕴藏在字里行间，折射了一种天降甘霖、繁花似锦、人心快慰的天地人和之美。

三、冷读课文：教师与文本对话的正餐

"读书万卷真须破，念佛千声好是空。多少英雄齐下泪，一生缠死笔头中。"读书，不能盲读。钱钟书先生读书的捷径之一：热读与冷读。他曾幽默喻示："法国人热吃冷牛肉，英国人冷吃热牛肉。"法国人有激情，对面前的美味可以大快朵颐，吃得痛快淋漓。而英国人讲究绅士风度，面对热气腾腾的牛肉，要吃得慢条斯理，细细品味。这里，想着重谈谈教师与文本对话，面对精彩的章节，怎样慢慢地、逐字逐句地冷读，才能读出韵味，读出智慧，读出情怀，读出营养。

1. 举一反三式冷读

与"春风又绿江南岸"对话，要知道王安石是锤字炼句的高手，他不仅"绿"字炼得经典，"补"字同样炼得绝妙。在他的《江上》一诗中有"春风似补林塘破"的句子，"补"使得春风好像穿针引线的巧手，一阵阵在草木稀疏的林塘上拂过，所到之处一片碧绿，将脱落的草坪缝补起来。万木复苏的景象生动感人。"补"赋予了春风神奇的功能，充满动感与魔力。

要从"绿"出发，举一反三，知道古代诗文中更多的精彩的炼字。

比如，黄庭坚有诗形容嫉妒贤能的人"惟恐出己上，杀之如弈棋"。一个"杀"字，表现了嫉妒者的狠毒，以棋局上的厮杀形容宫廷里的争斗，效果惊心动魄。再如，杜甫"归云拥树失山村"中的"拥"字、"飞燕受风斜"中的"斜"字，宋祁"红杏枝头春意闹"的"闹"字，黄庭

坚"高蝉正用一枝鸣"的"用"字等等。了解炼字的技巧，对于养成写作时追求用字贴切生动的语言习惯大有裨益。

2.寻根探源式冷读

与《白鹭》对话，"那铁色的长喙，那青色的脚，增一点儿则嫌长，减一点儿则嫌短，素一点儿则嫌白，深一点儿则嫌黑"，笔法高妙。这样的句子是横空出世的吗？

读读宋玉的《登徒子好色赋》——"东家之子，增之一分则太长，减之一分则太短，著粉则太白，施朱则太赤"，就会恍然有悟，二者"双胞胎"般的相似。原来，郭沫若先生化用了宋玉写美女的笔法。

无独有偶，拜伦写美人"发色增深一丝，容光减褪一忽，风韵便半失"，用"一丝""一忽""半失"等表示程度微小的形容词，表明美丽恰到好处，没有丝毫瑕疵，和宋玉的"太长""太短"的说法如出一辙。

后人又从"著粉施朱"一句引申化用，有了班昭的"调铅无以玉其貌，凝朱不能异其唇"，白居易的"不朱面若花，不粉肌如霜"，苏轼的"素面翻嫌粉涴，洗妆不褪唇红"等，比起宋玉来，又多了几分艳丽的色彩。

如此探究，不仅知其然，而且知其所以然。化用古人的精妙语句，推陈出新，是一条重要的借鉴学习方法啊！

3."白鹭立雪"式冷读

与《第一场雪》对话，往往辄止于雪后"银装素裹、粉装玉砌"的物理形态美，忘却了雪的精神胸襟——

"混二仪而并色，覆万有而皆空，埋没山河之上，笼罩寰宇之中……既夺朱而成素，实矫异而为同。"也就是说，大雪磨灭了天地的色彩，掩盖了世间的一切，消解了世间的一切差异。于是，雪给予人间双重的涵义：既掩盖了实象，又磨灭了幻象的差别，如一切美丑、善恶、贫富、贵贱。可谓"姑咏天地一笼统，且喜世界无凹凸""填平世上崎岖路，冷到人间富贵家""化万殊而为一，见物情之大同"。

诚可谓：白鹭立雪，愚人看鹭，聪者观雪，智者见白。

4.现象本质式冷读

《孔子游春》中，有一段关于"水"的描写。子路问道："老师在看什么呢？"孔子说："我在看水呀。""看水？"弟子们都用疑惑的眼光望着老师。子贡说："老师遇水必观，其中一定有道理，能不能讲给我们听听？"孔子凝望着泗水的绿波，意味深长地说："水奔流不息，是哺育一切生灵的乳汁，它好像有德行。水没有一定的形状，或方或长，流必向下，和顺温柔，它好像有情义。水穿山岩，凿石壁，从无惧色，它好像有志向。万物入水，必能荡涤污垢，它好像善施教化……由此看来，水是真君子啊！"

水的确是真君子！人们每天喝水、用水，没有水，就没有生命。水是生命之源。

司空见惯的水，给人以无尽的启迪与智慧：

无形：杯方水方，杯圆水圆。可谓，大道无形。

无味：放糖则甜，着盐则咸。然而，真水无香。

柔软："天下莫柔软于水，而功坚强者莫之能胜。"譬如，持之以恒，水滴石穿。

低调：水往低处流，汇聚成大海。

平静：静水流深，深不可测。

滋养："到江送客棹，出岳润民田。"

水含情：柔情似水。

母性：我们把黄河称为母亲河，视作中华民族的摇篮。

水蕴道："上善若水，利万物而不争，故几于道。"

唯有智者，才能透视到水在柔静中蕴涵的刚强；唯有智者，才能洞见到水在谦卑中蕴涵的伟大；唯有智者，才能颖悟到水在无争中蕴涵的力量。

5. 广角多维式冷读

与《掌声》（苏版三上）、《秋天的怀念》（人教五上）、《海伦凯勒》（苏版五下）、《轮椅上的霍金》（苏版六上）这类文本对话，仅仅停留在就事论事的基调上，是走不出线性、单向度视野的。要带着生活的积累与体验，走向文本。

每天行走在上班的路上，我常常看到失去双腿的残疾人，用两只手支撑着身体，向前挪移……每每看到他们生的欲望如此强烈，就好生感动，健全身躯上的那份慵懒与倦怠就会被驱逐。

残奥会开幕式上，有幸观瞻到四千多位残疾人济济鸟巢，十分震撼。或盲，或聋，或哑，或独臂，或无臂，或跛足，或单足，或无足，或蹒跚，或持拐，或导盲犬引领，或自驱轮椅——来自五大洲，肤色各异的残奥运动员们，他们都有一个共同的不幸——形体残疾，他们都有一个共同的表情——兴奋。

——世上没有绝对健全的人。有形的残缺仅是残疾的一种，在一定意义上，人人皆患有"残疾"。即便是神仙也难以幸免。譬如，八仙之一的铁拐李，不就跛了左脚吗？何况游走人间，事无全美，福无双至，人人都是跛了一条腿的人。在运动场上，跑不快，跳不高的人，看着那些矫健的身姿，心中只能徒生羡慕。置身于一帮能歌善舞的朋友中，身体笨拙，歌喉喑哑的人，难道不感到有所缺失？

——即便残疾，也要残疾得高贵。残疾中的高贵者不胜枚举。在中国，从受了腐刑的司马迁，受了膑刑的孙子，到瞎子阿炳，以及坐着轮椅在文字之境中自由驰骋的史铁生；在西方，从盲诗人荷马，到双耳失聪的大音乐家贝多芬，双目失明的大作家赫尔博斯，全身瘫痪的大科学家霍金，当然，还有失明失聪的永恒的少女海伦·凯勒：他们的肉体诚然缺损了，但他们的生命因此也缺损了吗？当然不，与许多肉体没有缺损的人相比，他们拥有的是多么完整而健康的生命。

残疾的高贵在于形体残障而心智健康，在于内在生命的完整与伟大。

倘若能从生活中细细体会，领悟人生的真谛，再与文本中阐发的人文情怀达至心灵的契合，以无字的生活大书对话有字的教学文本才是一种高妙的对话境界。

当然，冷读的招数很多，可以因人因文而异。这里只能挂一漏万，例说一二。

四、活读文本：教师与文本对话的"上位"

时空有限，阅历有限，人的已知有限。

1. 活读文本意味着从已知读出未知，突破局限

譬如，教学《圆明园》，你可能已经知道它是皇家园林，你也可能去过那儿，但这丝毫都不妨碍叩问自己：为什么叫圆明园？

在佛教看来："圆明"，用来形容阿赖耶识，意思是圆明的、完满的、光明的。那什么是阿赖耶识呢？人有眼识、耳识、鼻识、舌识、身识、意识、末那识、阿赖耶识。前五识为普通的直觉；第六识合并掌管上述五识；第七识末那识指的是思想、理性的成分；而阿赖耶识乃是精神的最高境界，又称"种子识"。

其实，按佛教的观点，人行走在这个世界上，接触到的、体验到的和知觉到的，都不会被遗忘，只是你的阿赖耶识被遮蔽了。有一天，当你的阿赖耶识被开启了，那么哪怕你很小的时候过目的一页书，都会被清晰地记起。一切都被保留在阿赖耶识里。

在儒家看来：圆明园的第一殿——"正大光明"殿，意思是体圆而光明，就是说，有形之体是周正的，而无形的内心之光是明亮的。这就是中庸说，也是中正说。中国人的学问，一句话，就是讲"正"，包括刚正、正直、正义、信直。"中国"的意思，正是行中正之道的理想国。

另外，圆明园在康熙赐园雍正的时候，并不叫这个名字，而是叫"镂月开云"。月亮在中国人心中的意味非常特别，好像一个魂魄，高悬头顶，在中秋之夜，指引一切离散在世界各地的中正之人的脚步都走回家乡。有词云："十分月好，不照人圆。"这个意境是非常悲凉的。人们还编造了嫦娥奔月的故事，也和悲欢离合有关。

在道家看来：圆明之夜，应是合欢的良宵，然而这个愿望在现实中总是难以达成。"人有悲欢离合，月有阴晴圆缺。此事古难全。"

在西方人看来：圆明园是一个梦幻般的存在。当英军上尉为了在巴黎展览抢掠圆明园的成果而邀请雨果前往的时候，这位浪漫主义的文学大师回信道："艺术有两种起源，一是理想，理想产生欧洲艺术，一是幻想，幻想产生东方艺术。圆明园在幻想艺术中的地位，和帕台农神庙在理想艺术中的地位相同。请想象一下，有言语无法形容的建筑物，有某种月宫般的建筑物，这就是圆明园……如果说，大家没有看见过它，大家也梦见过它。"可见，在法国人那里，圆明就是梦想的意思，就是人类的想象力。圆明园的毁灭正是人类梦想的毁灭。

如果能够以此为蓝本创设情景，导入课题，学生定能汲取更多的营养。

接着，我们还可以拷问："是谁烧了圆明园？"英法联军，自然逃不了元凶的干系，是否还有别人在"穿针引线"？

电影《火烧圆明园》中有个未曾写明姓名的汉奸，他强拉民妇供侵略军蹂躏，又引洋兵闯进圆明园……电影并非凭空虚构。据当年的文人笔记和民间传说，此人就是龚橙。

龚橙，乃著名诗人龚自珍的长子。龚橙自幼聪颖，又有严父亲授，能识满、蒙文字。虽家学渊源，却狂傲偏谈。龚自珍在《己亥杂诗》中劝勉儿子："多识前言畜其德，莫抛心力贸才名。"无奈龚橙自恃才高，目空一切。其父死后，越发无人管教，放荡不羁。曾国藩任两江总督时，慕其才，拟擢用，设盛宴款待。他竟说："以我的地位，公至多给我个监司。你想我岂能居公下者？不要多说，今晚只谈风月，请勿及他事。"曾国藩气得话都说不出来。龚橙嗜酒如命，嫖妓吃花酒，挥霍无度，令人吃惊。

1860年秋，英法联军侵华，龚橙随英兵舰北上，来到北京。他将辫发盘到头顶，戴洋人帽，穿白色西装，出入洋兵营盘，俨然一假洋人。农历八月二十二日，法兵直闯圆明园，次日英兵也冲入园内，先掠后焚。传说龚橙实为焚毁圆明园的帮凶。所谓"传说"，因无档案实录，仅出于时人笔记和父老传闻。但无论如何，他作为侵略者首领的"记室"，至少也难逃帮凶的罪名。晚年的龚橙颓唐不振，一切废弃，最后精神失常，发狂而卒。

2. 活读文本意味着从未知读出未知，立体认知

与《圆明园》对话，倘若一味地在引领学生对火烧皇家园林的英法联军怨之镂心，恨之刻骨，甚至对引狼入室的龚橙长恨绵绵无绝期，在仇恨的圈子里打转转，仍然有着阅读的局限，应该从井底跳出来，看看井外的天地。

1944年，希特勒曾下令"火烧巴黎"，是谁说服司令官说不的呢？

当年，盟军从诺曼底登陆后，向法国大境一路横扫过来，德国法西斯头目希特勒担心巴黎再也难以守住，便接二连三地给守卫巴黎的德军司令冯·肖尔铁茨发去命令，让他在最后关头实行焦土政策，他还派爆破专家到巴黎，在众多的著名建筑物和桥梁下埋设地雷和炸药，等到守不住巴黎时，就准备把这个历史文化都市连同它的辉煌建筑遗迹与艺术宝藏统统付诸一炬。

希特勒在久久得不到肖尔铁茨将军的回答时，气急败坏地命令他，首先应该炸毁塞纳河上的所有桥梁，这样，至少可以阻止盟军的挺进。所幸的是，尚有一点良心的肖尔铁茨将军经过反复犹豫，终于没有执行希特勒的命令，他只是在以军人的姿态作了一番象征性的抵抗之后，就向盟军和法国抵抗部队投降了。他没有引爆炸药，没有"焦土巴黎"，而是把一个完整的巴黎还给了法国人。当然，这离不开巴黎市长的斡旋。

那时，巴黎市长皮埃尔·泰丁格在德军巴黎战区司令官肖尔铁茨的面前，看到了这位普鲁士军人要将巴黎夷为平地的坚定决心。趁着肖尔铁茨说得太激动而气喘咳嗽的当儿，他建议两人到外面的阳台上去。面对展开在他们面前的美丽城市，泰丁格向那个似乎没有感情的军人做了最后的陈词："给一位将军的任务常常是毁坏，不是保存。不妨设想将来有一天你有机会作为游客又站到这个阳台上来，再一次欣赏这些使我们欢乐、使我们悲伤的建筑物，你能够这么说：'本来我是可以把这一切都毁灭掉的，但是我把它们保存了下来，作为献给人类的礼物。'我亲爱的将军，难道这不值得一个征服者感到光荣吗？"[①]

不战而屈人之兵，这应该归功于和平的威力，归功于人心的所向，归功于巴黎市长泰丁格的良智良能。当然，在民族危难的关头，在一切人祸面前，一个人的所作所为，折射的是其人格与人性。在这面镜子面

---

① [美]拉莱·科林斯、[法]多米尼克·拉皮埃尔：《巴黎烧了吗？》，董乐山译，译林出版社，2005年3月。

前人、妖分明，龚橙与泰丁格都照过了，不是吗？

3. 活读文本意味着从读出的未知中去除遮蔽，敞亮视域

语言是存在的家园，是使人成为人的东西，语言揭示存在的奥秘，或者本身就是存在的奥秘；另一方面又提醒我们，语言也可能成为存在的遮蔽。语言既有启示和照亮的一面，也有迷惑与遮蔽的一面。语言的神奇魅力就在于它的这种照亮和遮蔽的双重性。

任何固有的文本，都是一种客观的语言存在，这种语言既有启示和照亮的一面，也有迷惑与遮蔽的一面。

譬如，《一只粗瓷大碗》记述了"东北抗日联军的团政委赵一曼怎样把一只碗让给别人使用的故事"。

如果仅仅与文本对话，对赵一曼的未知是巨大的，这种未知遮蔽了我们对这位具有伟大人格的英雄的深入了解。所以，应该读一读耿立的《遮蔽与记忆：赵一曼》：

在1935年冬天的一次战斗中，敌人的子弹打断了她左腿的骨头，她昏倒在雪地里被俘……

大野泰治知道自己捕获了东北抗日联军的一个重要人物，决计亲手审问垂死的赵一曼，掏出有价值的东西。

大野泰治不断地用鞭子把儿捅赵一曼手腕上的枪伤伤口，是一点一点地邪恶地往里旋转着拧，并用皮鞋踢她的腹部、乳房和脸。一共拷打了两个小时，也没有获得有价值的应答。大野泰治感到日本皇军的自尊受到了一个中国弱女子的凌辱。对赵一曼的折磨不断升级，他们用尽了人们闻所未闻的各种酷刑：钉竹签是钉满十指，拔出来后，用更粗更长的签子继续钉，最后改用烧红的铁签扎；辣椒水掺和着小米和汽油一起灌向赵一曼的喉管和鼻孔；烙铁直接摁在赵一曼的乳房上烙烫。最后甚至使用了即使是身强体壮的男子也忍受不了的类似凌迟的活剐——剥肋骨。为了使赵屈服，敌人专门从日本运来最新式的专门针对女性设计的电刑刑具，指示行刑的日本特务不要有任何顾忌，直接电击赵女士身体最脆弱、最敏感的部位。电刑持续了七个多小时，赵一曼撕心裂肺的悲哀叫声不绝于耳；完全失禁、淋漓不绝，胃汁和胆汁都呕吐了出来；整个人浑身上下湿淋淋淌着汗水，口中直流白沫，舌头外吐，眼球突凸，两眼变红，瞳孔微微放大，下嘴唇也被她自己的牙齿咬得烂糊糊的……

赵一曼从被捕到走上刑场历经9个月，在人间地狱，经历了常人肉身难以想象的酷刑。但她宁死不屈。赵一曼似乎不再是一个肉身，而是一种神示，一种象征。侵略者可以杀死赵一曼，但却不能杀死一种神示，一种象征。赵一曼这样人的死，换回了我们民族的生。

战后，大野泰治在战犯管理所里，跪在地上忏悔，他说："我一直崇敬赵一曼女士，她是真正的中国的女子，作为一个军人我愿意把最标准的军礼给我心目中的英雄，作为一个人，我愿意下跪求得赵女士灵魂的宽恕。"

不断逼近与文本对话的真谛

加缪说："伟大的作品，深邃的感情，总是包含着比它们意识要说的多得多的东西。在心灵中发生的不断的运动及冲动也同样在行为和思维的习惯之中，并且在心灵本身并未察觉的诸种后果中继续着。伟大的情感携带着各种不同的天地。"那么，有创意的课，怎样不断逼近与文本对话的真谛？

一、与"诗眼"对话破译真谛

"天街小雨润如酥，草色遥看近却无。"（《早春》）

与诗眼"草色遥看近却无"对话，破译"早春"的真谛：

冬天删去了所有的颜色，天地间一片空白，连最细微的声音也都被雪消了音，严寒遮去了每一种味道。在这样的地方，如酥的细雨蒙蒙，"二月初惊见草芽"，春草似有若无，第一阵春草的气息就像喜悦的呼唤，唤醒大地的感官。

二、与"金句"对话反思真谛

"又是秋天,妹妹推着我去北海看了菊花。黄色的花淡雅,白色的花高洁,紫色的花热烈而深沉,泼泼洒洒,秋风中正开得烂漫。我懂得母亲没有说完的话,妹妹也懂。我俩在一块儿,要好好儿活……"(《秋天的怀念》)

与金句"我俩在一块儿,要好好儿活"对话,反思"疾病"的真谛:

疾病是一座修道院,它有它的规矩、苦修的项目、缄默与感应。疾病是一副十字架,但也许也是一道防护栏。最理想的是只从它那儿获取力量并拒绝它的软弱。生病所引起的退缩,在有些时候可以让我们更强壮。如果必须付出的代价是痛苦和舍命,那我们就付吧。

当人老了,达到了一种智慧或精神上的境地,竟然还会去怀念自己曾经做过的一切与此智慧、此精神背道而驰的事情时,内心受到的冲击一定不小。不是太早熟,就是为时已晚。就是不能刚刚好。

三、与"特例"对话抽离真谛

"田野里,小虫为他演奏;果园里,麻雀为他歌唱。凡是乡村里能听得到的一切响声,他都注意听着,他觉得都是音乐。堆草料的时候,他听到风吹得他的木杈'呜呜'作响。有一次他正听得出神,被监工看见了。监工解下腰带,狠狠地打了他一顿,要他永远记着。"(《小音乐家杨科》)

与"特例"杨科喜爱音乐的文本对话,抽离"爱好"的真谛:

生活可以不仅仅是为了解决一个个的悲惨问题,这不会是唯一的事情。应该有什么事情能激励你,能够让你每天早上高兴地醒来乐于成为人类的一分子。这就是爱好。一个人在追求他的爱好时,同时也在体验他的痛苦——这就是爱好的砝码、订正本、平衡物和代价。一个人如果学会了——而不是纸上谈兵而已——孤独地去面对自己最深的痛苦,克服了那些想要逃避的欲望以及有人能与他"共苦"的幻觉,那他还需要学习的就所剩无几了。

如果我们能够让阅读抵达个体，抵达任何简单特性都不能代表其身份的学生个体，这便是对体认作品特有的个体化储备的承认和呼唤。学生个体在这一过程中经历着深刻的变革。在阅读中学生个体自我创造，也自我体认。

四、以"横比"对话丰赡真谛

"秦陵兵马俑惟妙惟肖地模拟军阵的排列，生动地再现了秦军雄兵百万、战国千乘的宏伟气势，形象地展示了中华民族的强大力量和英雄气概，这在古今中外的雕塑史上是绝无仅有的。"（《秦兵马俑》）

让秦兵马俑的墓园文化与海格特的墓园文化对话，丰赡"文化"的真谛：

过去很忌讳死亡这一话题，现在却偶尔会想到去墓园走一走，曾经能在诗人之角坐很久，如今去海格特墓园已是无比平静。马克思和他的同道之人不用说，还有英国女作家乔治·艾略特，艺术家考尔菲德。诗人的墓前开满玫瑰，作家们的墓前被读者们插满笔。墓志铭或亲友们的简短留言刻在这里，哪怕一句俗气的"we miss you"（我们缅怀您）都变得很有分量，这是天人相隔的思念。生命静止了，脚下却是话语，我尽可能地去读，那些写它们的人正在这安眠。有一句"how lucky I am to have something that makes saying goodbye so hard"（我是如此的幸运，因为我的生命中有令我难以割舍的东西），读完鼻子又酸了。面对死亡时，人可能是最真挚的状态了。（源自网络）

每当我们凝视着逝者的墓园，并想着他们是怎样造坟的，我们就会在心里生出一股悲悯之情、一种敬畏之心，不同文化背景的人竟然可以用不同的行为方式去呈现他们的死亡，并与之共存……

当然，艺术作品不啻是留给一代代孩子，也是赠与数不胜数的死者的。为了死者，也即为了让这庞大的人群最终能看到他们活着、骨头支撑着他们时无法看到的东西。所以，需要一种不流畅的，反而很生硬但却有着奇特的、穿透死亡之域的力量的艺术，从影子王国多孔的墙壁渗透出来。如果不公正及其痛苦只被我们当中的某一个人独自认识，则会过于强烈。若我们的胜利只是为了赢得一个荣耀的未来，这胜利就显得很贫乏。艺术作品与众多死者交换着每个人与物世界的孤独的认识，它是我们最可靠的荣耀。（让·热内语）

……

从这一角度出发，我们就会领悟，创意阅读是生命遵从自身的法则之生成，生成多样性，肯定多样性就是肯定生命本身，否定多样性就是遵从外在的教条或超验法则，是外在强力对生命力的干预和束缚。基于此，笔者认为以上文本解读，是不断逼近与文本对话的真谛之一，而非唯一。它是一种生成。所有的生成都是一种生成——弱势，强势意味着一种统治状态，生成就是对强势的解域行为。强势存在是力场中的强力和主导力，但弱势却不是这个力场中已有的处于弱势地位的力，而是有待创造出来，加入这个力场，从而改变力场结构的力。生成最大的任务就是创造，通过创造来突破各种编码方式，通过创造出新的、尚未出现的存在来呼唤新的力量加入现有的力场，从而改变各种限制和束缚强势存在。

故此，与文本对话，就是不断逼近真谛的过程。这一过程就是抛弃自己的一切意图与偏见，随时准备接受突如其来且不知来自何方的声音。这个声音不是来自书本，不是来自作者，不是来自教参，不是来自权威，不是来自约定俗成的文字，而是来自没有说出来的那部分，来自客观世界中尚未表达出来而且尚无合适的词语表达的部分。

这部分不会是空穴来风，应该是你读过的书，不知不觉走进你的生命，铺成你的底蕴，并以润物细无声的方式，滋润你的生活，丰富你的情感，并默默引领你前行的结晶；这部分不会是一瞬间的荷尔蒙释放，而是逐渐的、持续一生的知识的积累，见解力的提高，真诚的发心，阔朗的胸襟形成的合力……说到底，人就是他自己的目的。而且是他自己唯一的目的，如果他要成为某种东西，那就是在他现在的生活中成为某种东西。从这个角度而言，有创意的课，不断逼近与文本对话的真谛是一场真正的终生建设。

有效：与文本对话的最佳路径

在我看来，有效是与文本对话的最佳路径。它意味着在与文本对话过程中，对话者的语言感受力增强了，简言之即语感增强了。

语感增强的显性标识在于，对话者能够敏锐地感受文本中语言文字的生命活力。

语言文字的生命活力体现在哪儿呢？

试以《少年闰土》为例阐释。

熟读文本，仔细凝眸，你就会感受到《少年闰土》中的语言文字有色彩（深蓝、金黄、碧绿），有形态（跳鱼有青蛙似的两只脚、紫色的圆脸，头戴一顶小毡帽，颈上套一个明晃晃的银项圈），有神态（怕羞），有静态（深蓝的天空中挂着一轮金黄的圆月，下面是海边的沙地，都种着一望无际的碧绿的西瓜），有动态（挂、捏、刺、一扭、逃走）；悉心谛听，你就会感受到《少年闰土》中的语言文字有声音（啦啦地响了）；温柔触摸，你就会感受到《少年闰土》中的语言文字有手感（它的皮毛是油一般的滑），有温度（冬天捕鸟的冷，夏天捡贝壳的火热，月夜看瓜的清凉）；用心感应，你就会感受到《少年闰土》中的语言文字有情感（可惜正月过去了，闰土须回家里去。我急得大哭。他也躲到厨房里，哭着不肯出门，但终于被他父亲带走了。他后来还托他的父亲带给我一包贝壳和几支很好看的鸟毛。我也曾送他一两次东西，但从此没有再见面）。

每一次"凝眸"，每一次"谛听"，每一次"触摸"，每一次"感应"，语言文字都在读者的眼中"复活"，都在读者的心中"复活"，都在读者的灵魂中"复活"，都在散发着生命的芬芳与活力。

精读文本，展开想象，你就会感受到《少年闰土》中的语言文字鲜活如画，映入眼帘：

"……他正在厨房里，紫色的圆脸，头戴一顶小毡帽，颈上套一个明晃晃的银项圈……"——少年闰土就在厨房里。

"月亮地下，你听，啦啦地响了，猹在咬瓜了。你便捏了胡叉。轻轻地走去……走到了，看见猹了，你便刺。这畜生很伶俐，倒向你奔来，反从胯下窜了。它的皮毛是油一般的滑……"——少年闰土就在月光下。

"下了雪，我扫出一块空地来，用短棒支起一个大竹匾，撒下秕谷，看鸟雀来吃时，我远远地将缚在棒上的绳子只一拉，那鸟雀就罩在竹匾下了。什么都有：稻鸡，角鸡，鹁鸪，蓝背……"——少年闰土就在雪地里。

"我们日里到海边捡贝壳去，红的绿的都有，鬼见怕也有，观音手也有。"——少年闰土就在大海边。

少年闰土就在读者的心里，栩栩如生、光鲜如初而经久不磨。

赏读文本，反复玩味，你就会领悟到《少年闰土》的语言文字里洋溢着一种美：

一种天然色彩美——那"深蓝"的天空，"金黄"的圆月，"碧绿"的西瓜，"五色"的贝壳，"各种颜色"的鸟，以及"紫色"的圆脸，"银"项圈。色彩明丽，自然天成。

一种静动相生美——那深蓝的天空、金黄的圆月、海边沙地上的碧绿的西瓜，整个大自然是那么静谧，那么安详。但在这幽静的月夜，却不乏生命的动感：一个十一二岁的少年，项戴银圈，手捏一柄钢叉，向一匹猹尽力地刺去，那猹却将身一扭，反从他的胯下逃走了。静中有动，动中有静，动静相生，和谐自然，令人心旷神怡。

一种辽阔鲜活美——那高远的蓝天、一望无垠的大海、广阔的海边沙地，那活泼的少年闰土，那猹、獾猪、刺猬、稻鸡、角鸡、鹁鸪、蓝背，那五彩的贝壳……相比高墙内的四角天空，这个世界，可谓广阔而又鲜活。

一种两小无"隔"美——"他见人很怕羞，只是不怕我"。"我"不把少年闰土视为一个比自己低贱的"穷孩子"，少年闰土也不把少年的"我"视为一个比自己高贵的"少爷"。交往无须计较成本，两小无"隔"，生命源头，人性纯美。

一种彼此丰富美——少年闰土来到城里，"见了许多没有见过的东西"；我从闰土那里知道了"无穷无尽的希奇的事"。高墙内的我与海边

第一章 单文阅读教学创意 019

的闰土，两个纯真的、自然的少年无拘无束地"对话"，心灵在"对话"中融合，彼此都在这融合中变得丰富了。

　　能够敏锐感受到文本语言文字的美，感受到语言文字的魅力，感受到语言文字的生命活力，汲取其人文情怀，丰赡自我的精神世界，提升自我的生命价值，如此与文本对话，才是充满创意而卓有成效的。在与《少年闰土》对话中，我们回归了童年。童年的回归使成年生活的广阔区域呈现出蓬勃的生机。童年从未离开它在夜里的归宿。有时，在我们心中会出现一个孩子，在我们的睡眠中守夜。在苏醒的生活中，当梦想为我们的历史润色时，我们心中的童年则为我们带来了它的恩惠。

第二节
创意做法

这节课，我一句话也没有说

不为什么，只因为那一天是2018年3月14日，他走了。

我和学生一起，把六年级上册的《轮椅上的霍金》，默读了一遍，轻轻地。

读完课文，大约有两分钟，我和孩子们都没有说话。他们像我一样，仰望着天花板。

之后，我投影一张PPT——

BBC有一档著名文化访谈节目叫《沙漠孤岛》，它假想了一个与世隔绝的沙漠孤岛，受访者将被抛弃到这个荒岛上，但可以携带一种奢侈品、一本书和八张唱片，让每个受访者选择。1992年，霍金应邀参加了这档节目，他选择的书是乔治·艾略特的《米德尔马契》，奢侈品是剑桥奶酪，八张唱片分别是：

第一张是普朗克的《荣耀颂》，他解释说，这首曲子曾是他思考黑洞理论的背景音乐，他把物理和音乐结合在一起了。

第二张是勃拉姆斯的《D大调小提琴协奏曲》，这是他买的第一张黑胶唱片，花了35先令，时间是1957年。

第三张是贝多芬的弦乐四重奏第132号第三乐章。

第四张是瓦格纳的《女武神》，他认为瓦格纳和他的"末日黑暗的情绪相投"。

第五张是披头士的《请让我快乐》，他认为披头士是当时"陈腐的令人作呕的流行乐坛"的一股春风。

第六张是莫扎特的《安魂曲》。

第七张是普契尼的《图兰朵》，他偏爱的是《图兰朵》的第二幕。

第八张是上世纪法国著名歌手伊迪丝·琵雅芙的 Non, je ne regrette rien（《不，我无怨无悔》）。

三分钟的默读之后，我请孩子们动笔。于是，我谛听到了他们的心声：

——被困在轮椅上40年还能这么酷的也只有他了。

——看看人家的档次，再看看咱的……无地自容啊！

——霍金真的超酷！剑桥奶酪我也好想尝尝！

——他沉默地坐在那里，76年，坐成一幅宇宙画。

——聪明人把他的生活变得单调，以便使最小的事都富有伟大的意义。

——76个春秋告诉我们：肉体是时光的河流，我们只不过是一个个孤独的瞬息。

——有些人赶不走，有些人留不住。

——只要活着的人还活着，死过的人就不会死。

——对霍金来说，音乐和信仰的关系非常密切。每一首音乐都是一种信仰的表达。

——在我们这样的年龄，心灵单纯得就如同二加二等于四，生活还没有撞疼我们，责任感和悔恨也还都不敢损伤我们，我们要敢于看，敢于听，敢于笑，敢于惊讶，也敢于做梦。

——一个人若要完全理解另一个人，大概必须有过类似的处境，受过类似的痛苦，或者有过类似的觉醒体验，而这却是非常罕见的。

……

"理解是由被理解的事物和其他理解或不理解的事物之间的关系构成的。"我把这句话写在黑板上，离开了教室。

这节课，我一句话也没说！

但，这节课也是一种存在。存在，就是一种无形的、混沌的、神秘的、谜一样的东西。所以巴特在《如何共同生活》中指出："存在，首先意味着对防御机制的放弃。"否则，你有可能就真站不起来了，因为你的屁股已牢牢地粘连在了旧座椅上。

这张旧椅子，就是固有且一成不变的阅读教学模式。

我们不能一味地端坐在这把旧交椅上，要勇敢地从这把旧椅子上起身，走向有创意的阅读教学——这种有创意的阅读教学不是一项孤立的活动，它是一种实实在在的行为。通过引领学生创意阅读，日复一日，我们每天都在赋予存在一个形式、一种滋味和一抹风格。风格绝不是艺术家、美学家或发明家的专利，它是人类生命的共有特性。赋予存在以风格，就是将有创意的阅读作为具体实践融入生命本身的形式，每个人都可以在阅读中调整与自我、与自身语言、与自身可能性之间的关系，其中包含了行为、尝试、塑造力以及价值建设。创意阅读是激活学生内心世界的过程，它持续不断地滋养并支撑着学生自身风格化的努力。创意阅读强化着我们在社会生活中被弱化的那部分，并给予它未来。这种风格化所涉及的行为广度，意味着将阅读放入一片更宽阔的"存在的文体学"（福柯语）当中。它可以是尼采式的和实用主义的，可以涉及我们在生命中投入的"艺术数量"，以及我们在不同形式和模态之间穿梭的流动性与胆识。正如巴特的警句所言：本着生命的文本重写作品的文本，这才是阅读。（摘引自《阅读：存在的风格》）这样的阅读，才是创意阅读的本义。因为创意阅读是密集而多样的精神行为相互间的竞争，也是新的强度中心由此不断形成并向外辐照炽烈的空间关系的自我强调。创意阅读犹如布景，它管理着生命的线条，让生命力在复杂事物中得以表露、铺展和存续。主体从中受到鼓舞激荡，但同时也消散洒落于外界，摆脱了封闭，变得多维、灵动又焕然一新。

小荷才露尖尖角，早有孩子"吻"上头
——兼谈部编教材《小池》与《池上》的创课教学

语言是一种存在。它是一切被念出的东西的喃喃低语，同时，它也是一个透明的体系，产生了这样的事实——当我们说话的时候，我们就被理解了。

福柯的意思是说，语言"被念"的过程，是语言被吸收的过程；说话是语言输出的过程。简言之，读，是吸纳；说，是倾吐。

我们的教学，离不开这"一纳一吐"。

福柯接着又说，语言内部存在着一个"奇怪的东西"，语言的这种形构，它停留于自身，一动不动，建构了它自身的一个空间，并在那个空间中持有喃喃低语的流动，喃喃低语加厚了符号和词语的透明度，并因此建立了某一个不透明的体积，很可能是谜一般的，而正是那样的东西构成了一部文学作品。

我想，这不仅不难理解，还能轻松地运用于我们的创课教学。

在一次创课教学活动中，有位老师执教了部编教材一年级下册的古诗二首——《小池》和《池上》。

我们组织教师与文本对话时，大家达成共识："小荷才露尖尖角，早有蜻蜓立上头。"诗句中"语言的这种形构，它停留于自身，一动不动，建构了它自身的一个空间"——荷，立。很安静的两个字，放在一起，有一种难得的自持。

那么，我们怎样引领孩子与文本对话，谛听"在那个空间中持有喃喃低语的流动"呢？

创课教学中，执教老师发挥自身简笔画的优长，轻描淡写中成就了夺人眼球的一笔画。他边画边旁白："看取小荷净，应知不染心——在我看来，岁数越来越大，越来越喜欢干净的单一的东西。"

请孩子们，读一读——"小荷才露尖尖角"。

孩子们音落，他声起："好一个'小荷才露尖尖角'！何其美妙，从泥沼中昂然抽出，露出了一个美丽的音符，删繁就简，简明扼要。"

他又诱导孩子们读"早有蜻蜓立上头",这次他怂恿孩子把"立"换成自己喜欢的字。一个勇敢的男孩子站起来:"早有蜻蜓'吻'上头。"

老师在那个男孩子的额头上轻轻地吻了一下。

同学们都笑了,老师也笑了。那笑声像那"吻"一样贞洁、纯净、无邪、唯美,直击人心。

……

执教老师创造性地引领学生与文本对话,那"喃喃低语加厚了符号和词语的透明度,并因此建立了某一个不透明的体积,很可能是谜一般的,而正是那样的东西构成了"一个"前无古人的创课场景"。

然而,这种"不透明的体积"——"前无古人的创课场景",并不是由某种难以言喻的东西构成,它恰恰是由某种并不难以言喻的东西构成。

"早有蜻蜓'吻'上头。"一个进入小荷角色的孩子说:"谢谢你妈妈一样甜蜜的吻。"一个换位成蜻蜓的孩子回语:"谢谢你露珠一样的吻。"第三个孩子马上插话:"小荷和蜻蜓吻在一起,是不能说话的。"

……

我感动于这个创课的瞬间,其实,"人不是活一辈子,不是活几年几月几日,而是活那么几个瞬间"。帕斯捷尔纳克所说的几个瞬间不也包括创课的瞬间吗?上例创课的瞬间宛如芭蕾起舞。"每一个不曾起舞的日子都是对生命的辜负"(尼采语)啊!

创课渐进高潮,读了《池上》中的"小娃撑小艇,偷采白莲回",执教老师请孩子们用笔说话。

一个六岁的孩子写道:"从这首诗中我看到了'偷偷地',想到了'采白莲回来'。"

其时,坐在这个孩子身旁的我,趁着执教老师让同学们自由交流"习作"的契机,好奇追问:"'偷偷地',能看到吗?"

"一个是他的爸爸妈妈不知道。"她跟我解释,"另一个是大人没有教,他自己就偷偷地学会了采莲蓬。"

"'偷偷地'不好吧?"我佯装发问。

"这不是偷东西,不是犯罪的偷,是背着大人的眼睛,去偷偷地学干活儿、学本领——采莲蓬。"

"你怎么看这个'偷偷地'采莲蓬的孩子呢？"

"我羡慕这个'偷偷地'学生活本领的孩子。"她说，"有一次我偷偷地去洗自己的校服，被妈妈发现了——'你的任务是写作业；我的任务是做家务'。还有一次，我很想吃糖醋排骨，可是，我不会做这道菜。有一天，我发现家里有一本《食谱大全》，便偷偷学习做糖醋排骨……当然，也被妈妈成功'拦截'了。"

……

该以怎样的心态欣赏这处"无心插柳"的创课呢？初闻不知"课"中意，再听已是"课"中人。山河岁月，能留住的东西太少，想留住的，一定留不住，而一直在身边的，只有自己：只有自己，坚定不移地跟着自己，不嫌弃自己；只有自己，创造自己；只有自己，完美自己。创课的好光阴应该是这样吧？一分一秒都过到了自己与孩子心里去，喜悦悦，暖洋洋，不嫌浪费，不嫌有悲有喜有惆怅，甚至喜欢那课中小小的烦恼，喜欢那细节中必要的瑕疵。

正思绪蹁跹，执教老师把我拉回"正轨"——

作家林清玄说："种莲人家采的不是观赏的莲花，而是用来维持一家生活的莲子……一个个采莲人背起了竹篓，带上了斗笠，涉入浅浅的泥巴里，把已经成熟的莲蓬一朵朵摘下来，放在竹篓里……采回来的莲蓬先挖出里面的莲子，莲子外面有一层粗壳，要用小刀一粒一粒剥开……莲子剥好后，还要用细针把莲子里的莲心挑出来，这些靠的全是灵巧的手工，一粒也偷懒不得……种莲的人就像莲子一样，表面上莲花是美的……可是他们工作的辛劳和莲心一样，是苦的……谁知道一朵莲蓬里的三十个莲子，是多少血汗的灌溉？……我们用一些空虚清灵的诗歌来歌颂莲叶何田田的美，永远也不及种莲的人用他们的岁月和血汗在莲叶上写诗吧！"

……

下课了，古诗二首《小池》和《池上》的创课虽然已经过去了，但我像荷一样静下来的时候，还总是会想起那创课的一幕幕——"早有蜻蜓

'吻'上头""我看到了'偷偷地'"。教师与学生的对话成了我的内心风暴，穿过很多绮丽的风景，翩然浮现眼前。

倏地，我又次想起2018年美国"国家年度教师"曼迪·曼宁的箴言："创造与学生的连结"是教师给学生提供卓越教育的根本。"学生中心的教学是我的课堂教学之成功的核心。""全球地看，我们需要激励人们去探索、不害怕，并且用同情拥抱新经验。我想激励教师和学生，就像我当时被激励一样，在每一堂课和每一间教室里的每一个声音和机会中看到学生的潜能。""我希望让全国参与到我们怎样鼓励学生经历和体验他们的理解之外的事情的对话之中。当我们走出我们的舒适区域，访问新地方，听到其他人的想法，分享我们的观点，我们就变得有同情心和开放。这是创建一种更有希望的、安全的、美好的社会的第一步。在这样的社会之中，每个人都可以是多能与多产的全球公民。"

初读曼宁的这些话，会觉得很"空"；再读，一点都"不空"。"走出我们的舒适区域，访问新地方，听到其他人的想法，分享我们的观点，我们就变得有同情心和开放"。这就是创课精神，不克隆经验，不拷贝昨天，不断探索教学的未知区。若此，你讲台上一站，尽管"小荷才露尖尖角"，但你勃然向上，贞静清欢，精神有光，灵魂有香，早有孩子"吻"上头。

用生活所感去读书，用读书所得去生活
——统编教材《掌声》的对比对话

对比对话的方式很多，譬如前后对比、上下对比、黑白对比、里外对比等等，不一而足。统编教材三年级上册的《掌声》一课，适宜把主要人物的前后行为、心理变化进行对比，通过对比对话，明晰人物的变化。

第一步：通读文本，做好批注。

掌 声

上小学的时候，我们班有位叫英子的同学。她很文静，总是默默地坐在教室的一角。【批注：自闭】上课前，她早早就来到教室，下课后，她又总是最后一个离开。因为她小时候生过病，腿脚落下了残疾，不愿意让别人看见她走路的姿势。

一天，老师让同学们轮流上讲台讲故事。轮到英子的时候，全班同学的目光一齐投向了那个角落，英子立刻把头低了下去。【批注：不好意思，害羞】老师是刚调来的，还不知道英子的情况。

英子犹豫了一会儿，慢吞吞地站了起来【批注：是去，还是不去？不去吧，轮到自己了；去吧，就暴露了自己的残疾。矛盾、斗争】，眼圈红红的【批注：伤心、伤自尊，自卑】。在全班同学的注视下，她终于一摇一晃地走上了讲台。就在英子刚刚站定的那一刻，教室里骤然间响起了掌声，那掌声热烈而持久。在掌声里，我们看到，英子的泪水流了下来。掌声渐渐平息，英子也镇定了情绪【批注：情绪稳定】，开始讲述自己的一个小故事。她的普通话说得很好，声音也十分动听。故事讲完了，教室里又响起了热烈的掌声。英子向大家深深地鞠了一躬，然后，在掌声里一摇一晃地走下了讲台。

从那以后，英子就像变了一个人似的，不再像以前那么忧郁。她和同学们一起游戏说笑，甚至在一次联欢会上，还让同学们教她跳舞。【批注：自信】

几年以后，我们上了不同的中学。英子给我来信说："我永远不会忘记那掌声，因为它使我明白，同学们并没有歧视我。大家的掌声给了我极大的鼓励，使我鼓起勇气微笑着面对生活。"【批注：自强】

第二步：细读文本，厘清线索。

在批注的基础上，四"自"线索浮出水面：自闭（总是默默地坐在教室的一角）—自卑（把头低了下去……犹豫了一会儿，慢吞吞地站了起来，眼圈红红的）—自信（和同学们一起游戏说笑，甚至在一次联欢会上，还让同学们教她跳舞）—自强（大家的掌声给了我极大的鼓励，使我鼓起勇气微笑着面对生活）。

第三步：活读文本，列表对比。

掌声前			掌声后		
身体	行为	心理	身体	行为	心理
腿脚残疾	常态下： 1. 坐在教室的一角。 2. 上课前，她早早就来到教室，下课后，她又总是最后一个离开。 非常态下： 1. 把头低了下去。 2. 犹豫。 3. 慢吞吞地站了起来，眼圈红红的。	自闭 自卑	腿脚残疾	1. 泪水流了下来。 2. 镇定了情绪。 3. 不再像以前那么忧郁。 4. 和同学们一起游戏说笑。 5. 让同学们教她跳舞。 6. 鼓起勇气微笑着面对生活。	自信 自强

第四步：通过对比，获取智慧。

无论胸中多少沟壑，逃不掉的是生活，要接受没有办法改变的。英国诗人王尔德说："我们都生活在阴沟里，但仍有人仰望星空。"接受是一种勇气与智慧。有了勇气才能直面与珍视现实；有了智慧，才能开发与运用好现有的这份"独特资源"——英子由需要掌声，到赢得掌声。这一转化成长的过程，就是自信、自立、自强的过程，就是生命质量提升的过程。

与《掌声》的对比对话的意义，不就是用生活所感去读书，用读书所得去生活吗？生命的大风大雨，不都是我们的掌声吗？

第三节 创意案例

我和《棉花姑娘》的甜蜜"约会"

部编教材一年级语文下册第19课《棉花姑娘》的第4自然段:"青蛙跳来了。棉花姑娘高兴地说:'请你帮我捉害虫吧!'青蛙说:'对不起,我只会捉田里的害虫,你还是请别人帮忙吧!'""我只会捉田里的害虫",难道棉花不是长在"田里"的吗?所以说,此句中的"田里"是一处隐性的用词"不严密"。另外,第2、3、4自然段,其构段方式是雷同的,甚至有些用语,譬如"对不起""你还是请别人帮忙吧"等是重复的。当然,我们不能一说到"重复",就想到辩护词"反复"或者"隔离反复"的修辞手法等等。因为,只要有一个读者有"异议",这三段话就具有挑战的"缝隙",没有"缝隙","阳光"就不可能照进来。哪怕是一线、一束、一米阳光,都可能使得教材上那些看似黯然的"疑无路",柳暗花明。

那么,对于一年级的孩子来讲,怎样唤醒他们"发现问题""提出问题""解决问题"的"问题意识",同时培养他们不迷信课本,勇于挑战课本,进而修订课文的胆略与精神呢?

在创课教学过程中,我们做了一些有益的探索与实践,回放以下片段,以飨同仁。

【教学片段一】

师：（饰棉花姑娘）你想娶我做你的新娘吗？

生：（饰青蛙，含情脉脉地）想。

师：青蛙想吃天鹅肉？

（学生开怀畅笑，笑声朗朗。）

师：不过，青蛙有时候是"能"吃天鹅肉的！你得先给我治好病。

生："我只会吃田里的害虫"。（显然是在背诵教材上的句子）

师：本公主难道是长在空中的吗？

生："我只会吃田里的害虫"应该是"我只会吃稻田里的害虫"。（反应敏捷的孩子）

师：可以在课本的语句里加一个"稻"字。但是，你有点儿偏心，我不太想嫁给你。难道藕田里的害虫你不吃吗？

生："我只会吃水田里的害虫"。（又有孩子醒悟）

生："花"姑娘（笑），你愿意嫁给我吗？

师：那么能干的青蛙，不仅当水田的医生，还当"课文"的医生。青蛙已经吃到了天鹅肉。

【教学片段二】

师：本公主，有了心仪的候选白马王子——燕子、啄木鸟、青蛙。可是，最近本宫身体欠安——长了虫子，"请你帮我捉害虫吧！"

生：（燕子飞来了）"对不起，我只会捉空中飞的害虫，你还是请别人帮忙吧！"

生：（啄木鸟飞来了）"对不起，我只会捉树干里的害虫，你还是请别人帮忙吧！"

生：（青蛙跳来了）"对不起，我只会捉田里的害虫，你还是请别人帮忙吧！"

师：我的白马王子们，难道只会说"对不起"吗？

生：（燕子飞来了）"抱歉，我只会捉空中飞的害虫，你还是请别人帮忙吧！"

师：哦。

生：（啄木鸟飞来了）"不好意思，我只会捉树干里的害虫，你还是请别人帮忙吧！"

师：嗯。

生：（青蛙跳来了）"I am sorry，我只会捉田里的害虫，你还是请别人帮忙吧！"

师：哈哈！同一个意思，可以有不同样的表达。我的白马王子太棒了！你们是用词丰富的白马王子！……

以上创课教学片段，不啻是解决了"我只会捉田里的害虫"中"田里"的用词不当问题，也不啻是解决了第2、3、4自然段中诸如三次使用"对不起"的语言重复问题，更重要的是"建立了教师与学生的连接"（曼宁语）——教师与学生的对话连接，以及学生与文本的精神连接。它唤醒了学生的生命自觉，这种生命的自觉在那时那地的呈现，就是作为学习主体的学生有了对语言文字的敏感。同时也唤醒了教师自己的生命自觉，作为教师不是"教学"，而是"助学"——适时助推、适切助燃。整个教学环节——"怀疑""发现""批判""改进"，没有任何的独断独白、耳提面命、三令五申、强行注射，只有生命的唤醒，生命的自觉，"春风化雨花千树"。这种生命唤醒生命的创课对话艺术，一如水上写字，不留痕。无痕胜有痕。

我想，人生在世，对一切事都有一个从无知到有知的过程，这本没有什么可说的。可是如果我们的孩子或我们的老师在"审辨教材"上的无知有人为的因素，即有人有意无意地造成了人在某事上的无知，或有意延迟人了解某事的时间，这就比较有意思了。

如果这个时候教师或者学生不敢心怀猛虎，细嗅教材"瑕不掩瑜之美"，对此最精辟的概括只能套用乔治·奥威尔在他那本闻名遐迩的预言体小说《一九八四》中所说的：创课即解放（战争即和平）、自由即奴役、无知即力量。

课后，我问执教老师为什么如此创课，他说："这样创课，我和孩子都很解放，它'让我们不再迷茫，不惧怕困难，不惧怕无意义，敢于和所有消极的情绪正面对抗，敢于站出来承担生活之中所有属于自己的责任。一劳永逸地解决了我以后生活中出现的所有'值不值得的问题'。""是的，为孩子能读到文质兼美的教材，我们的所有付出都是值得的。"我为他点赞：你借用了阿尔贝·加缪《鼠疫》中的金句，说明你在创课中认识了创课，想必已经把创课当成了"情人"，才有"我和《棉花姑娘》的甜蜜'约会'"。

其实，我们可以化用一下苏珊·桑塔格的箴言：课，要么是"丈夫"，要么是"情人"。家常课有着一个丈夫的可敬品德：可靠、讲理、大方、正派。公开课，人们却看重他们身上"情人"的天赋，即诱惑人的天赋。譬如现场观摩《棉花姑娘》的创课，每个观课者或许都能够享受"情人"——公开课的一些品性，比如激情四射，以换取刺激以及强烈情感的充盈。而当这些品性出现在"丈夫"（家常课）身上时，观课者可能不敢完全苟同。在教育艺术中，正如在教学生活中，"丈夫"和"情人"缺一不可。当一个教者被迫在他们之间做出取舍时，那真是天大的憾事。所以，托尔斯泰式的课是丈夫，陀思妥耶夫斯基式的课是情人；巴尔扎克式的课是丈夫，司汤达式的课是情人；奥斯汀式的课是丈夫，勃朗特式的课是情人……然而，在我看来，真正的创课，是爱教材，创造性地用教材教，教出创造性的教材；真正的创课，是爱孩子，创造性地用教材教孩子天地人事，育孩子也育自己的生命自觉；真正的创课，是爱教材、爱孩子、爱"丈夫"、爱"情人"的四位一体。宛如上文对部编教材的一次"创课"——"我和《棉花姑娘》的甜蜜'约会'"。

"我和《棉花姑娘》的甜蜜'约会'"开示我们：为了把握并存持创意阅读的活力，引领学生读书时就要勇于从惯常由文本提供的叙事学想象和符号学分析中抽离出来，不再把阅读当作解码的任务，而是将其视为经验主体投入身心的行动，个体去体验其存在方式、姿态、韵律的机会。阅读即卸载，让书本汇聚灵魂，而不是加重知性的负担或已有判断的筹码。

天地大课室，师生大教材
——统编新教材《天地人》创课教学

一、新教材

"天地人/你我他"。部编新教材开篇第一课《天地人》简约到只有六字，着实让人耳目一新。

二、新教法

怎样穿新鞋，走新路，即利用新教材，上出新教法？创课打响了第一枪。

开学第一周，我们推门听课。

上课的是研究生刚毕业的一位姓李的新老师，"天、地、人，你、我、他"，教材上的生字在屏幕刚一投出，孩子们便熟络得像见到了老朋友，个个都能直呼"其名"。

"呀！呀！呀！你们早已认识了这些'朋友'。"李老师很风趣，像大姐姐在逗小弟弟小妹妹开心，"接下去，我们干嘛呢？"

"去操场玩！"一个男孩子根本没觉得这是上课。

"耶——耶——耶——"男孩的建议引"爆"了全班，孩子们群情激昂。

"好吧！"李老师顺时而为，运势而作，和全班孩子一起，小鸟般飞到了操场。

"我看到了'天'，它是蓝色的！"李老师仰面而望，高声而呼。接着，她又低下头，欣喜道："我看见了地！"

"它是黄色的。"李老师话音未落，学生便接过话茬。

"我看见了你们每一个人，人是？"未等李老师说完，一个女孩摇动羊角辫，马上接语："人是无色的。"

"哦？！好一个'人是无色的'！"李老师来到她的身边，躬身探问，"我没有颜色吗？"

"是的。"羊角辫女孩抬头望了望李老师，童声童气地说，"你第一次给我们上课，我是不认识你的，所以，你在我的心里是没有颜色的！"

"现在呢？"

"现在……现在你有一点儿'灵魂'的颜色。"

"为什么呢？"说着，李老师蹲下来，和她目光平视。

"因为我看到你的眼睛里有我，你的眼睛很漂亮，就像我的眼睛，里面有自己的灵魂。"羊角辫女孩见蹲在自己面前的李老师含情脉脉地看着自己，顺势追问，"李老师，我是什么颜色的呢？"

"你是我未来女儿的颜色！"说完，李老师揽她入怀。

……

"李老师，李老师，"一个男孩子见状，有点"邀宠"道，"我们一起玩个游戏好吗？"

"好啊！"

"我们每个人，都把自己站成一个'人'，"男孩说，"我们对着天地喊，我是'人'！"

于是，操场上，一个个"人"，一个个顶天立地的人，仰望天空，俯视大地，自由呼喊："我是人！"

"请继续我们的游戏吧，"李老师相机把游戏引向纵深，"我把自己躺成'人'。"

操场上，孩子们也躺成一个个"人"。

"我们都是一样的人。"李老师说，"怎样摆个造型呢？大家想办法！"

同学们叽叽喳喳、七嘴八舌议论之后，在"人"与"人"之间，两个同学横躺成"等于号"。于是，操场上出现了"人"="人"="人"="人"……的造型。

李老师又说："我们是一个人。"

于是，"一撇""一捺"，师生一起躺成一个"人"。

接着，李老师和孩子们躺在操场上，用身体"写字"，"字形"不断变换，一会儿是"你、我、他"，一会儿是"你=我=他"，一会儿又是"人=你+我+他"……

……

第一章 单文阅读教学创意 | 035

下课了，孩子们依依不舍离开了操场，李老师请孩子们回头望："你发现什么不见了，什么还在？"

"'你我他'不见了……'人'不见了……'笑声'不见了……"，孩子们说，"'天'还在，'地'还在。"

"我们每个人都是天地间匆匆的过客啊！"李老师微笑着对孩子们说。

……

三、新突破

这节创课，有如下几点新突破：

1. 学习场域新突破

传统意义上的教室，不再是学习发生的唯一场域。上文创课，解构了"教室"，建构了学习场域。这种由教室到操场的学习场域变换，表面理解不过是一种物理空间的位移，本质意蕴却是一种人文空间的构建。只有心里装着学生的教师，才能体恤"民意"，才能做到"顺时而为，运势而作"。创造新的学习场域，缔造新的学习境遇，必然焕发教学新思维与新创举。一如孩子惊人的发现"人是无色的"；又如师生以地为纸，用身体"写字"，共同创造"你=我=他"，"人=你+我+他"；再如，面向未来的人工智能教育，长于"知、记、读、背、算"等初级认知，诸如"想象、情感、沟通、合作、审美、思辨、创造"等高级认知则是其"短板"，李老师自觉不自觉地弥补了人工智能教育的"短板"。……学习场域新突破的本意不是让我们效颦这节创课，它旨在开示我们：为了实现一种新的教学可能，必须不断尝试不可能。愿我们教学人生中的每一课都出于"我愿意"，而不是因为"我别无选择"。尽全力争取最有创意的创课，也要有勇气放下"昨天的故事"。只有在素日的寂静处积累，才能在需要热闹的时候闪光。

2. 师生连接新突破

"教学就是创造与学生的连结"，2018年美国"国家年度教师"曼宁说，"'创造与学生的连结'是教师给学生提供卓越教育的根本。"

无疑，上文创课的最大亮点就是"创造与学生的连结"。

首先，老师从情感上"创造与学生的连结"。羊角辫女孩抬头望着李老师，童声童气地说："你第一次给我们上课，我是不认识你的，所以，你在我的心里是没有颜色的！"显然，孩子口里的没有颜色就是心里没有感情的隐喻。师生感情是零基础。教师怎样与学生建立情感连接？对话。"因为我看到你的眼睛里有我，你的眼睛很漂亮，就像我的眼睛，里面有自己的灵魂。"羊角辫女孩见李老师蹲下来，含情脉脉地看着她，顺势追问："李老师，我是什么颜色的呢？""你是我未来女儿的颜色！"说完，李老师揽她入怀。老师与学生以心交心的言语对话，以心印心的肢体对话，水到渠成地创立了与孩子的连结，发出了"你是受欢迎的，你是我需要的，你是值得我爱的，你是我心目中要生养的孩子"的美好信息。当然，对话是一个意外的相遇，更是一场探险。教师与学生因对话而连结，而生情，而开放，而融通，进而为学生在日后宽阔的世界中成为一个不狭隘的感情丰赡的有素养的人奠基。

其次，老师从情趣上"创造与学生的连结"。上文创课中，老师不是跟着自己的教案走，而是始终跟着学生的情趣走。孩子们说去操场，她就去操场；孩子们说玩游戏，她就参与游戏。正因为孩子们的情趣被激发，所以从上文课例的每一个教学环节，每一个声音和机会中都能看到学生的潜能在迸发。

再次，老师从无畏上"创造与学生的连结"。显然，上文创课的新老师，没有任何前经验的束缚，这正有利于释放她的无畏。她灵动地让自己成为当面对教学情境不确定时的勇敢者，去寻求备课范围之外的经历与体验。她主动走出课前精心准备的"教材、教案、教法、教具"等诸多舒适区域，不断访问新地方，倾听学生的不同想法，分享学生各自的观点，师生关系变得更加包容开放，更有创造性与生命力。她无畏"创造与学生的连结"，让观课的我也满怀创课的希望与冲动，仿佛在离金字塔三四百米远的地方，我俯了下身，抓起了一把沙子，任由它在稍远处安静地流淌下去，我轻声说：我正在改变撒哈拉。尽管我能做的事是那么的微不足道。

最后，老师从创造上"创造与学生的连结"。这里的创造指涉本课开展的游戏。李老师说："我们是一个人。"于是，"一撇""一捺"，师生一起躺成一个"人"。接着,李老师和孩子们躺在操场上,用身体"写字","字形"不断变换:一会儿是"你、我、他",一会儿是"你=我=他",一会儿又是"人=你+我+他"……这一现场生成的"创造与学生的连结"的游戏,使得教师和学生都成为了真正意义上的人。"只有当人是完全意义的人的时候,他才游戏;只有当人游戏时,他才完全是人。"(席勒语)

3. 认识自己新突破

有人问泰勒斯,何事最难为?他回答:认识你自己。(《明哲言行录》卷一)尼采也讨论过这个问题,在《道德的谱系》中,他针对"认识你自己"的命题说了一段话:"我们无可避免跟自己保持陌生,我们不明白自己,我们搞不清楚自己,我们的永恒判词是:'离每个人最远的,就是他自己。'"

我们怎样才能离自己最近呢?换句话说,我们怎样才能在认识自己上有新突破?相信孩子,孩子天生就是哲学家。他们朴素的童真离自己最近。不是吗?李老师在和孩子一起玩"我=你=他""人=你+我+他"的游戏中,我们认识了自己——人,是靠自己站立于天地间;人,就是每一个"你=我=他",人人平等。其实,我们若能像这节课一样以朴素的情怀看待自己,对待他人,就在"认识自己"上有了新突破。"我"不想改变这个世界的什么东西,"我"想拯救的只有我自己,"我"只追求一份灵魂的安详,只传递一份明白和清凉,再没有别的东西。事实上,每个人能做到的也仅仅是这样:拯救自己。但是每个人的救己,才是真正意义上的救世。

下课了,孩子们发现操场上的"你我他"不见了,"人"不见了,但是"天"还在,"地"还在。"我们每个人都是天地间匆匆的过客"。"认识自己",启蒙的种子不知不觉播撒在了每个孩子的心中。

立于天地之间,仰望天空,我的心情更加朗润起来,无论碧空如洗还是彤云密布,满天星斗还是风雨飘摇。天空是无限的,它的影像从不重复,它是艺术家。脚踏大地,我的心情更加平稳起来,无论古往还是今来,无论东方还是西方。大地是无私的,它种瓜得瓜,种豆得豆,它是大师。

第二章
群文阅读教学创意

CHAPTER 2

第一节 创意主张

群文阅读：寻找共同的价值取向

群文阅读，意味着根据教学需要组选两篇或两篇以上的文本进行阅读。

群文阅读在于寻找共同的价值取向。为什么这样说？不同的语言或文本之间，纵使其表现形式完全不同，但它们之间也能够交流对话。这说明，不同的语言或文本之间，一定有交集，一定有其内在的共同的东西——人类的"共同语"，一种普遍的思想语言。它承载着人类共同的思维与情感的成果，隐含着一个民族甚至整个人类的一种共有的"精神图式"。在笔者看来，群文阅读旨在寻找共同的价值取向。

怎样从群文阅读中寻找共同的价值取向呢？试以《搭石》《生命桥》《船长》的群文阅读为例，选取几个教学片段，以飨教者。

【教学片段一】

师："搭石，构成了家乡的一道风景。"风景美不胜收，请快速阅读浏览课文的第2—4自然段，用横线画出描写"人们走搭石情景的有关语句"。

生：上了点年岁的人，无论怎样急着赶路，只要发现哪块搭石不平稳，一定会放下带的东西，找来合适的石头搭上，再在上边踏上几个来回，直到满意了才肯离去。

生：每当上工、下工，一行人走搭石的时候，动作是那么协调有序！前面的抬起脚来，后面的紧跟上去，踏踏的声音，像轻快的音乐；清波漾漾，人影绰绰，给人画一般的美感。

生：如果有两个人面对面同时走到溪边，总会在第一块搭石前止步，招手示意，让对方先走，等对方过了河，俩人再说上几句家常话，才相背而行。假如遇上老人来走搭石，年轻人总要伏下身子背老人过去，人们把这看成理所当然的事。

师：把自己放进去，我们一起走搭石。现在，"我"就是一个上了点年岁的人，请默读"上了点年岁的人，无论怎样急着赶路，只要发现哪块搭石不平稳，一定会放下带的东西，找来合适的石头搭上，再在上边踏上几个来回，直到满意了才肯离去"，写下批注，"我"为什么要这样做？

（学生快速批注，然后交流。）

师：（板书）一人单向走搭石：心里想着他人——有心。

师：默读第3自然段，你会发现：

（　）人同向走搭石：协调有序——有（　）。

生：多人同向走搭石：协调有序——有序。

师：默读第4自然段，你会发现：

（　）人相向走搭石：互相（　）——有（　）。

生：两人相向走搭石：互相谦让——有礼。

师："有心"，是一种心理秩序；"有序"，是一种行为秩序；"有礼"，是一种伦理秩序。由此可见，走搭石，走的是一种秩序。搭石，难道不是一种"秩序"的象征？

但是，我却认为人们"有心、有序、有礼"走搭石，只是偶然为之，你同意老师的观点吗？再次快速阅读第2—4自然段，找出有关词句，证明你的观点。

生：从"无论怎样、只要发现、一定会""每当""总会"……这些字眼可以看出人们经常这样做的，守秩序已经成为了他们的生活习惯。

师：人们不仅经常这样做，还"把这看成理所当然的事"。这使我想起先哲柏拉图的警世恒言——凡属美者，不仅经常为美，且为其自身为美,如果人生值得活,那只是为了注视美。

化用柏拉图的名言,在我看来,如果人生值得活,就是为了创造美的秩序、享受美的秩序。

【教学片段二】

师:快速默读《生命桥》《船长》,迅速提取关键的词句说一说,你发现了怎样的美?这个美和《搭石》中的美有什么共同之处?

生:默读了《生命桥》,从"一个狩猎队,把一群羚羊赶到了悬崖边,准备全部活捉。几分钟以后,羚羊群分成了两类:老羚羊为一群,年轻羚羊为一群""一对对羚羊凌空腾起,没有拥挤,没有争夺,秩序井然,快速飞跃"的语句中,我发现羚羊逃生时有着一种震撼人心的悲壮的秩序美!

师:好一个"震撼人心的悲壮的秩序美"!

生:《船长》一文中,在"'诺曼底'号的船身一下被剖开了一个大口子。船发生了可怕的震荡。顷刻间,所有的人都奔到甲板上,男人、女人、孩子,半裸着身子,奔跑着,呼喊着,哭泣着,海水猛烈地涌进船舱"的危急关头,船长却指挥若定:"大家安静,注意听命令!把救生艇放下去。妇女先走,其他乘客跟上,船员断后。必须把60人全都救出去!""哪个男人敢走在女人前面,你就开枪打死他!"救援工作进行得井然有序,几乎没有发生什么争执或斗殴。最终"船长哈尔威屹立在舰桥上,一个手势也没有做,一句话也没有说,随着轮船一起沉入了深渊。"从船长指挥救援的行动中,我发现了一种雄壮的秩序美!

师:《生命桥》和《船长》中的美和《搭石》中的美有什么共同之处?

生:它们的共同之处都体现了一种秩序美!

【教学片段三】

师:如果说《搭石》讲了常态下的秩序美,那么《生命桥》《船长》则讲了非常态下的秩序美。在这两种状态下的秩序美与生命美有什么关系?请说说你的看法。

生:在生活的常态下,走路开车要有秩序;排队购物要有秩序;上学工作要有秩序；食品安全要有秩序；网上发帖要有秩序；遵纪守法要有秩序；国家要有秩序；世界要有秩序；甚至人的内心与灵魂也要有秩序。有了秩序，生命才有保障，生活才有质量。一句话，秩序美了，生活才美，生命才美！

生：《生命桥》《船长》启迪我们：在遭遇危险的非常态下，无论动物还是人类，有了秩序，才可以最大限度地减少生命悲剧的发生！

师：日升日落、四季更迭，自然界是有秩序的；走了星星，来了月亮，宇宙空间是有秩序的；饮食男女，天人合一是有秩序的；宇宙间的一切生命现象无不按照一定的规律有秩序地运转！秩序美，是天地间的大美！

【教学片段四】

师：请同学们欣赏《泰坦尼克号》沉船之前精彩的电影剪辑片段。（约五分钟后）说说你的观后感。

生：遭遇不测的"泰坦尼克号"即将下沉，整个船上气氛紧张起来，在这千钧一发之际，船长指挥若定，让妇女儿童先撤离。为什么让妇女儿童先走呢？因为他们是弱者。

师：是的，在生命处于危难的境地，先救最弱小的生命。这是一种"弱者优先的生命法则"，是一种文明的秩序法则。

生：《生命桥》告诉我们，这个法则连羚羊都懂得！

生：最令我感佩的是，许多人都忙于逃生，却有几个人在船头，拉着小提琴，奏响《婚礼进行曲》，那仅仅是琴声吗？不，那是绅士的心声！

生：人，如果不能把自己的生死置之度外，怎么能如此忘我地拉琴，来安抚慌乱的人心？

师：心慌，人慌；心稳，人稳。在这个人心慌乱的关头，气定神闲的心理秩序何等重要！

生：最让我过目难忘的是逃难人群中的那"一家人"。男主人就要和妻子幼儿分别，他的两个孩子问："爸爸，你为什么不和我们一起走？"

爸爸回答道："你们先走，然后，我们再会合。"其实，这位父亲有机会和妻子孩子一起撤离的，因为必定没有人能够看管得过来，严格控制他。但是，他没有这样做，而是遵从"妇女儿童先走"的命令。

师：船长"妇女儿童先走"的命令是"他律"，这位父亲的行动更多地源于"自律"。这种有令则行的意念，是一种修养，一种文化。这种修养与文化，何尝不是一种文化秩序！

……

语文实质上有三个层面的东西，一是语音、文字、词汇和语法，这是最表层的东西；二是语言的技巧，包括修辞、章法、为文技巧等，这是较深层的东西；三是价值取向，这是核心层的东西。价值取向又包括两个层次：一是民族的价值取向；二是人类的价值取向。价值取向才是语文的真正内核。上述教例通过群文阅读，一提到《搭石》学生就想到了走搭石的秩序美，一提到《生命桥》学生就想到羚羊逃生的秩序美，一提到《船长》学生就想到救援工作的秩序美。"搭石""生命桥""船长"，就成为了"秩序美"的象征，这种"秩序美"不正是人类共同追求的、能够启迪人们健全心智的价值取向？当这种"秩序美"融进了人的血液，成为了人的文化基因，我们就在更深的层次上触及了语文教育的内核。不是吗？

群文阅读教学要有聚焦点

群文阅读教学要有聚焦点，聚焦点因文而异。

譬如，群文阅读教学时，我先请同学们阅读第一个文本《乌鸦和狐狸》：

狐狸在树林里找吃的。他来到一棵大树下，看见乌鸦正站在树枝上，嘴里叼着一片肉。狐狸馋得直流口水。

他眼珠一转，对乌鸦说："亲爱的乌鸦，您好吗？"乌鸦没有回答。

狐狸赔着笑脸说："亲爱的乌鸦，您的孩子好吗？"乌鸦看了狐狸一眼，还是没有回答。

狐狸又摇摇尾巴说："亲爱的乌鸦，您的羽毛真漂亮，麻雀比起您来，可就差多了。您的嗓子真好，谁都爱听您唱歌，您就唱几句吧！"

乌鸦听了狐狸的话，非常得意，就唱了起来。"哇……"她刚一开口，肉就掉了下来。

狐狸叼起肉，一溜烟跑掉了。

明确文本正确的价值取向——狐狸坑蒙拐骗，显然是错误的。

接着，请同学们浏览第二个文本《狐假虎威》，谈谈自己眼中的狐狸。我既聆听"贬狐派"倾吐狐狸的不是，又恭惠"喜狐派"发出另类的声音。一个男生说："我一直在玩手机就是不写作业，妈妈怎么说我都不听。'你爸来了！'妈妈一喊，我吓得立马关机，开始写作业。"一个女生说："小弟弟哭闹起来没完没了，奶奶怎么哄都哄不好，就说警察来了，小弟弟一愣神儿，竟然不哭了。"第三个学生说："自习课吵吵嚷嚷，班长大喝一声'老师来了'，班里一下子鸦雀无声。其实，狐假虎威，关键的时候还是能显灵的……"

然后请同学们听我朗读《耶鲁校长苏必德2017年迎新演讲：像狐狸一样思考》（节选）：

大家早上好，欢迎各位同事、各位家长，尤其是2021届的本科新生们！也特别欢迎马文，我们今年新上任的本科生院院长。

几年前，我帮一位朋友上过一门耶鲁本科生的讨论课，名字叫作"伟大的思想"。这门课今年夏天一直在我脑海萦绕，回想这门课的目标，让我想起"狐狸与刺猬"的故事。这二者的区别，据说最早是公元前七世纪的古希腊诗人阿尔奇洛克斯提出来的，他说"狐狸知道很多的事，刺猬则只知道一桩大事"。当受到威胁时，狐狸会随机应变，想出一个聪明的办法来应对。然而，刺猬总是用同一种方法来应对威胁：就是把自己卷成一个球。这两种动物，一个聪明狡猾、灵活善变，另一个恪守成式、以不变应万变。

哲学家以赛亚·柏林在1953年发表的一篇论文中推介了这一区别。柏林将刺猬描述为一个思想家，他的方式是透过一个巨大的思想，好比一个聚焦的镜头，观察思考这个世界；马克思与安·兰德大概算是这一类。而狐狸可谓是一部百科全书，知道许多事情，会根据眼前状况参考大量的想法和经验；孔子与亚里士多德可能是最好的代表。

正如柏林所说，这两者之间存在着显著的差异，刺猬坚持一种普遍原则，对万事万物都用一种理念来解释；而狐狸则从多个维度出发，抓住那些常常看似不相干甚至矛盾的线索，发现实际上是有关联的。

在耶鲁的本科学习过程中，你们会接触到一些伟大的思想，堪称很好的人生哲学。也会了解并且师从一些"伟大的刺猬"与"伟大的狐狸"。但是在这个阶段，我想鼓励大家多效仿狐狸。你可能会对某一种思想或世界观产生强烈的共鸣，但是我建议你们，多学习不同的思想、多考虑不同的观点。尽量都去尝试一下，最后再决定什么是最适合自己的。

实际上，我们有理由相信像狐狸一样思考有很多好处。你们可能知道，我是一个心理学家。我的研究范围和教学领域都集中在社会心理学方面。在宾夕法尼亚大学，有一位名叫菲利普·泰特洛克的社会心理学家，他研究了人类中的"狐狸"与"刺猬"的能力，来推测和筹备未来。

但是同时，泰特洛克确实发现了一些能够很好预测未来的人。泰特洛克将他们称为"了解很多小事情的思想家"。他们对一些宏观计划保持怀疑态度，并且愿意将各种信息拼凑在一起。或许更重要的是他们对自己的预测能力不够自信。换句话说，他们是谦虚、批判、消息灵通且思维灵活的思想家。简单地说，他们就是狐狸。狐狸就是最好的预言家。

我们的周围充满了狐狸，他们塑造了我们的生活和世界。2021届的学生们：我为你们能在耶鲁大学接受教育而感到自豪和高兴。像富兰克林、莫里、霍珀和许多其他的狐狸一样，你们将以广泛而灵活的方式开拓思维，将学会成为谨慎的思考者，具备批判的思维并获得知识。你们将接受磨炼，学会有效地与他人合作。正如耶鲁的愿景："改善当今世界和未来。"我相信，在变成狐狸的过程中你们会收获巨大的幸福和成就。

欢迎来到耶鲁！

对于以上群文的聚焦点——狐狸，不再持有一种固有结论，而是看到了更多的风景。课文不应该是一座监狱，而应该是一座家园。笔者对学生的"自说自话"，不做判断，拒绝结论，这就让学生大胆地打开了一扇窗，再现了别样"风景"。"福楼拜坚持小说不做判断。一如契诃夫，他感到作家应该拒绝结论，只应问对问题。'愚蠢就在于我们想得出结论。我们只是一根线头，却想要知道整套设计。'他写道，一本小说应该'对任何人物都无所爱憎'。他的去个性化之梦也可以归入他对判断的回避：'一个人必须接受一切，放弃总结。'"仔细咀嚼这段话，"不做判断，拒绝结论"，不就是"延迟判断""鼓励学生勇敢战胜恐惧，并寻找新经验与体验"吗？鼓励学生通过群文阅读，把狐狸当作生发灵感的出发点。学生进行群文阅读，并不是为了考试获取一个"标准答案"，也不是为了听任老师向他们解释这个世界，而是自己探索答案，自己做出合理的解释。其实，每个精神的立场都是一个极端，与它对应，还存在着另一个同样正确的极端。

群文对话要追求"1+1大于2"

何谓群文对话的"1+1大于2"？

在群文对话中，如果把群文中的文本一视作1，文本二视作另外的1，文本一与文本二对话就是1+1，这个"1+1"一定大于2，约等于3，而3又成为下一轮对话的新1。而新的1参与对话，又生成了一个大于2，约等于3的新1。对话就是这样循环往复，不断迭代……

试以《自己的花是给别人看的》为例，谈一谈群文对话，是怎样实现"1+1大于2"的。

我们先来看看教师A单文教学《自己的花是给别人看的》的片段：

（单刀直入重点段，指名学生朗读。要求抓住重点词，理解含义。）

生：走过任何一条街，抬头向上看，家家户户的窗子前都是花团锦簇、姹紫嫣红。许多窗子连接在一起，汇成了一个花的海洋，让我们看的人如入山阴道上，应接不暇。每一家都是这样，在屋子里的时候，自己的花是让别人看的；走在街上的时候，自己又看别人的花。人人为我，我为人人。我觉得这一种境界是颇耐人寻味的。

师：家家户户的窗子前都是花团锦簇……汇成了一个花的海洋，让我们看的人如入山阴道上，应接不暇，说明——

生：花的数量多。

师：姹紫嫣红，说明——

生：花的色彩美。

师：自己的花是让别人看的；走在街上的时候，自己又看别人的花。说明——

生：花的用处。

师：人人为我，我为人人。说明——

生：花的意义。

……

（最后，再把这一自然段有感情朗读一遍。）

我们再看看教师B是怎样创意教学，实现"1+1大于2"的。

师：同学们，我们不妨把《自己的花是给别人看的》视作文本一，然后把《窗外》视作文本二，文本一与文本二对比阅读，即文本一与文本二对话，我们一定会产生很多新的想法。

生：快把《窗外》给我们读读。

师：（PPT出示《窗外》）请同学们快速浏览——

窗 外

　　欧洲的村子特别美，有一个核心的原因：住在村子里的人，有两个视角——窗内、窗外。

　　如果只有一个窗内视角，屋子就是自己的实用空间，生活所迫，窗台可能变成凌乱堆积之处。

　　一旦有了窗外视角，心里就会想，异乡人哒哒的马蹄，经过我的窗户，眼睛看到什么？

　　一扇窗之所以美丽，是因为住在里面的人为走在外面的人设想了：他眼中的我的屋子，美不美？

　　只要有"窗外视角"，一个村子就美了。

　　只要有"窗外视角"，一个国家也美了。

　　只要有"窗外视角"，一个人，也可爱了吧？

　　师：《自己的花是给别人看的》与《窗外》对话，你有什么新的发现？

　　生：仔细阅读《自己的花是给别人看的》中的"走过任何一条街，抬头向上看，家家户户的窗子前都是花团锦簇、姹紫嫣红。许多窗子连接在一起，汇成了一个花的海洋，让我们看的人如入山阴道上，应接不暇"，可以感受到，窗外的花的确又多又美。为什么会这样？《窗外》告诉我们："欧洲的村子特别美，有一个核心的原因：住在村子里的人，有两个视角——窗内、窗外。"

　　师：两个文本对话，不仅让我们知道花美，还让我们明白花为什么美。

　　生：每家每户的花之所以被放到窗台，是因为放花的主人有一个窗外视角。

　　生：人人为我，我为人人的窗外视角。

　　生：为什么人要有窗外视角呢？只要有"窗外视角"，一个村子就美了。只要有"窗外视角"，一个国家也美了。只要有"窗外视角"，一个人，也可爱了吧？

生：我发现花美的背后是人美。

生："我觉得这一种境界是颇耐人寻味的"，这一境界是人的境界，是花一样的境界，即美的境界。

生：我发现，花是一种美，美不可占有，但可以分享。

生：我发现《自己的花是给别人看的》，是说美是用来分享的。这种美的意识，需要长时间的培养、浸润、渗透。

师：《自己的花是给别人看的》，寄身花下，人比花低。

……

实现群文对话"1+1大于2"，新的"1"很关键。这个新的1，在我看来，是对话者目前的一种"持有状态"。一如上文案例中，教师B拥有的群文阅读时文本与文本对话的意识，以及能够提供新文本《窗外》的知识储备，都是一种"持有状态"。比群文对话"1+1大于2"更好的，不可能在未来找到。未来是空的，唯有想象充斥其间。我们所能想象的完美，带着我们自身的极限，与我们一样不完美，不会好过我们分毫。比群文对话"1+1大于2"更好的只能在当下找到，就在你生命对话的那一刻。

第二节
创意做法

创课，怎样群文阅读

在我看来，群文阅读要会读书。会读书和不会读书，过的是不一样的人生。那么，创课中怎样进行群文阅读才算是会读书呢？囿于篇幅，择其精要，例谈如下：

一、让台湾两位诗人对话

洛夫和余光中一直被世界华文诗坛誉为双子星座，洛夫的《边界望乡》和余光中的《乡愁》一样脍炙人口。面对余光中在大陆的人气，同年出生的洛夫总显得落寞一些。他在大陆的名声虽不如余光中响亮，但在台湾诗界的名望在余光中之上。

一个重要的原因在于，中学课本收录余光中的诗作要远远多于洛夫。余光中的《乡愁》脍炙人口、妇孺皆知，洛夫的《边界望乡》也许相对陌生，我们不妨一读——

　　说着说着
　　我们就到了落马洲
　　雾正升起，我们在茫然中勒马四顾
　　手掌开始生汗
　　望远镜中扩大数十倍的乡愁

乱如风中的散发
当距离调整到令人心跳的程度
一座远山迎面飞来
把我撞成了
严重的内伤
病了病了
病得像山坡上那丛凋残的杜鹃
只剩下唯一的一朵
蹲在那块"禁止越界"的告示牌后面
咯血。而这时
一只白鹭从水田中惊起
飞越深圳
又猛然折了回来
而这时，鹧鸪以火发音
那冒烟的啼声
一句句
穿透异地三月的春寒
我被烧得双目尽赤，血脉贲张
你却竖起外衣的领子，回头问我
冷，还是
不冷
惊蛰之后是春分
清明时节该不远了
我居然也听懂了广东的乡音
当雨水把莽莽大地
译成青色的语言
喏！你说，福田村再过去就是水围
故国的泥土，伸手可及
但我抓回来的仍是一掌冷雾

一个成功的文学叙事最显著的标志，就是文本自身所提供的复杂性、多样性阻遏了任何一言以蔽之的企图和单向度的命题式提问。尼采在《人性的，太人性的》中这样宣示他永恒复归的审验视角："如果我们考虑到人类的任何行动（而不仅仅是一本书），都以某种方式成为其他行动、决定及思想的原因，所发生的一切事物都不可分割地关联于一切将要发生的事物，那么，我们就辨别出了真正的不朽，那运动的不朽——曾经运动过的东西，就像琥珀中的昆虫，它们被包容在所有存在物的总体之中。"这只昆虫就是"乡愁"。乡愁=文学，余光中的乡愁与洛夫的乡愁，都是美丽的乡愁！

二、让中英两篇课文对话

公仪休拒收礼物
（独幕剧）

时　　间：两千多年前的一个下午。

地　　点：公仪休家的客厅内。

人　　物：公仪休（鲁国的宰相）、子明（公仪休的学生）、鲁国某大夫的管家。

【幕起，子明正坐在席上读书。公仪休由内室上。】

公仪休：子明，你已经来了好久了吧？

子　明：（忙起身向老师行礼）老师，我刚来一会儿。您吃过饭了吧？

公仪休：嗯，刚吃过。（回味似的）鲤鱼的味道实在是鲜美呀！我已经很久没吃鱼了，今天买了一条，一顿就吃光了。

子　明：是的，鱼的确好吃。

公仪休：只要天天有鱼吃，我也就心满意足了。

【幕后有人高喊：有一位管家求见！】

公仪休：子明，烦你去看一下，是谁来了？

【子明下，一会儿工夫领管家上。管家手提两条大鲤鱼。】

管　家：（满脸堆笑地）大人，我家主人说，您为国为民日夜操劳，真是太辛苦了！特叫小人送两条活鲤鱼，给大人补补身子。

公仪休：谢谢你家大人的盛情，可这鱼我不能收哇！你不知道，现在我一闻到鱼的腥味就要呕吐。请你务必转告你家大人。

【子明不解地望了望公仪休。管家无可奈何地摇了摇头，提着鲤鱼下场。】

子　明：老师，您不是很喜欢吃鱼的吗？现在有人送鱼来，您却不接受，这是为什么呢？

公仪休：正因为我喜欢吃鱼，所以才不能收人家的鱼。你想，如果我收了人家的鱼，那就要按照人家的意思办事，这样就难免要违反国家的法纪。如果我犯了法，成了罪人，还能吃得上鱼吗？现在想吃鱼就自己去买，不是一直有鱼吃吗？

子　明：(恍然大悟地) 老师，您说得对，今后我一定照着您的样子去做。

【幕落。】

一个英国人得到的"回扣"

有位贵族，在远离海岸的城堡里举办盛宴。珍稀的野味、罕见的嘉果一应俱全了；唯一让他感到遗憾的是，宴会没有准备鱼。

然而，就在开宴的那天一早，一位贫穷的渔夫来到城堡，带来了一条大比目鱼。城堡里的人们欢呼雀跃。渔夫得意地带着他的大比目鱼去拜见那位贵族。

贵族一见，连呼"好鱼"。然后他说："你开个价吧，我立刻付现金！你要多少钱？"

渔夫说："大人，我一分钱都不要。只恳求你在我赤裸的后背上鞭打100下，这就是我这条大比目鱼的定价！——大人，你少打一鞭我都不答应！"

贵族和来宾都万分惊讶，他们百般劝说，让他将这个荒唐透顶的"定价"收回去，但是，渔夫态度异常坚决。无奈之下，贵族说："好吧，好吧，这位朋友有个奇异的念头，可我们必须要这条鱼。所以，只好请你躺倒，我们当场'交易'吧。"

打完了50鞭子，渔夫大喊："停下！停下！在这个买卖中我有一个合伙人，他理应得到他应得的份额。"

贵族更加惊讶了，他叫起来："什么？竟然会有两个这样的傻瓜！在哪里能找到你的合伙人？快说出他的名字，我立刻派人去找他！"

渔夫说："您不用去远处找他，他就在您的大门口呢！他是您的守门人。刚才，我带着鱼要见您，他百般阻拦，直到我答应无论我从这条大比目鱼身上获得什么，都必须分给他一半。"

贵族震怒了，他说："立刻把他带来，我一定无比公正地让他得到他应得的那份'回扣'！"守门人被带了来，不得不领取了这场交易中自己应得的份额。后来，守门人被贵族赶了出去，而渔夫得到了重赏。

无论是洛夫的《边界望乡》与余光中的《乡愁》对话，还是中国课文《公仪休拒收礼物》与英国课文《一个英国人得到的"回扣"》对话，实质上都是一次群文阅读对话的过程，它旨在开示：

文学阅读本身是一种积极施加的陌生化行为。它绝不意味着是对已知信息源的被动接受，或是将所得重归已知象限。既然文学被理解为使语言脱离其原始语境的可能性，那么文学阅读的杂合过程就不仅具有干预性质，更包含了参与及由此引发的诸如迷狂、献祭、消解、重构、灵异变身等高峰阅读心理体验效应。有了这样的高峰体验，你就会发现，群文阅读是将"定义世界的唯一方式首先缩小至我们的尺度，随后在笑声中发现：它恰恰超越了我们的尺度"。这时，你已经会读书了。

群文阅读，放手让学生交流共享

在探究学习《爱因斯坦和小女孩》时，我请同学们课外阅读，寻找自己感兴趣的关于爱因斯坦的故事（寻找故事本身也是探究学习的一部分），然后让同学们交流共享。

（1）学生甲的分享。

1952年，一个六年级的小学生写信给爱因斯坦。

亲爱的爱因斯坦博士：

我们科学课在讨论动物植物。有点搞不懂怎么人也被归为"动物"。你可不可以告诉我为什么人是"动物"？

凯若敬上

爱因斯坦竟然回信了：

孩子们：

该问的不是"动物是什么"，而是"哪些特质使我们称它为动物"。我们称一个东西为"动物"是因为它的某些特质，譬如：它需要营养、它有跟自己长得蛮像的爸妈、它会长、它会动、它会死。因为这些特质我们才称虫啊鸡啊狗啊猴子啊为"动物"。那人呢？想一想我刚说的特质，你就能自己决定把人归类为"动物"，对不对？

爱因斯坦敬上

（2）学生乙的分享。

爱因斯坦在他的抑郁治疗师面前拘谨得像个小男孩——聪明人的快乐是我知道得最少的事情。

（3）学生丙的分享。

世界闻名的大科学家爱因斯坦读小学的时候，有一次上劳作课，同学们都交上了自己的作品——泥鸭、布娃娃等，唯独爱因斯坦没交。直到第二天，他才送来一只做得很粗陋的小板凳，老师看了很不满意，回答说："我想，世界上不会有比这更坏的小板凳了……"爱因斯坦回答说"有的"，并不慌不忙地从课桌下面拿出两只小板凳。他举起左手的那只说："这是我第一次做的。"又举起右手的那只说："这是我第二次做的，刚才交的是我第三次做的，然而它还不能使人满意，但总比这两只强一些。"

爱因斯坦做小板凳的故事在传记里没有，可能是我们一厢情愿的"发明"。

爱因斯坦小时候倒是有另一个关于椅子的故事——曾经抡起椅子丢向了他的小提琴老师。

（4）学生丁的分享。

诺奖官推贴了一张爱因斯坦的成绩单。这个单子是他17岁入学苏黎世理工之前考出来的，按瑞士分制是6分最高、1分最低（德国分制是1分最高），爱因斯坦的法语最烂只有3分，艺术、地理和作图是4分，但代数、几何、物理还有历史都是6分，化学和博物学是5分，是非常好的理科生了。

"上帝创造的所有事物都因其不完美而变得更好、更可爱、更宜人。"（罗斯金语）破除权威崇拜的有效方式，是了解他的生活细节。这样分享群文，我们才能超越《爱因斯坦和小女孩》的教材文本，走向智慧！

非线性思维对话的创意美

相对于以非线性思维与文本对话，倘若教师仅仅只能以线性思维与文本对话，对话的不到位、不全面、不深刻，甚至不能从本质上真正读懂文本，便会纷至沓来。

何谓线性思维？

线性思维，是一种直线的、单向的、单维的、缺乏变化的思维方式。其特点有三：一是思维只按逻辑规则和既定秩序进行；二是思维结果唯一；三是思维方向单一。它属于静态思维。

以线性思维与文本对话，往往只满足于关注文本"有几个生字、词语，有几个难以理解的句子，有几种修辞方法，有哪些写作特点，主要内容与中心思想是什么"等关乎知识点与考点层面的信息。而这些被关注的信息，一方面来自神圣权威——教参，另一方面来自指挥魔棒——考纲。以纲为纲，以本为本与文本对话，行走的是"字、词、句、篇"的"直线"，看到的是教参标准答案的"单向度"，听到的是考纲刚性要求的"单维声"。如此这般教书30年，只不过是把第一年的备课重复了30遍而已。

一如小猫转着圈儿咬自己的尾巴,以线性思维与文本对话,永远接近不了本真意义的读懂文本。

教师应该怎样与文本对话,才能真正读懂文本呢?

于是,我们想到了用非线性思维与文本对话。

先来了解一下什么是非线性。举个例子来讲:如问两个眼睛的视敏度是一个眼睛的几倍,很容易想到的是两倍,可实际是6~10倍!这就是非线性。

非线性思维,是指相互连接的,非平面、立体化、无中心、无边缘的网状结构,类似人的大脑神经和血管组织。

通常在人的潜意识里完成的非线性思维属于右脑思维,它有助于拓展思路,看到事物的普遍联系,更真实地接近事物本体。

所以,以非线性思维与文本对话才能达至本真意义上的读懂。下面,试以《风筝》为例谈之。

《风筝》,是一篇三年级的课文,我听过不少教学,教者仅仅在"做"风筝、"放"风筝的快乐与"找"风筝的失落上引领学生与文本对话,终难跳出线性思维的窠臼。以至于有一次,一个学生当堂质问老师:"风筝找不到了,孩子们为什么垂头丧气地坐在田埂上?"老师一时语塞。另一次,一个孩子当堂叩问:"风筝,为什么不见了?"老师挂在了黑板上。

设若运用非线性思维与文本对话,真正读懂了《风筝》,问题可能就会迎刃而解,不至于如此窘迫了。

譬如,我们不妨先在自己的"心空"中,多放飞几只"风筝"。

首先,我们可以放飞鲁迅的"风筝":

北京的冬季,地上还有积雪,灰黑色的秃树枝丫杈于晴朗的天空中,而远处有一二风筝浮动,在我是一种惊异和悲哀。

故乡的风筝时节,是春二月,倘听到沙沙的风轮声,仰头便能看见一个淡墨色的蟹风筝或嫩蓝色的蜈蚣风筝。还有寂寞的瓦片风筝,没有风轮,又放得很低,伶仃地显出憔悴可怜模样。但此时地上的杨柳已经发芽，早的山桃也多吐蕾，和孩子们的天上的点缀相照应，打成一片春日的温和。我现在在那里（现写作"哪里"）呢？四面都还是严冬的肃杀，而久经诀别的故乡的久经逝去的春天，却就在这天空中荡漾了。

但我是向来不爱放风筝的，不但不爱，并且嫌恶他（现写作"它"），因为我以为这是没出息孩子所做的玩艺。和我相反的是我的小兄弟，他那时大概十岁内外罢，多病，瘦得不堪，然而最喜欢风筝，自己买不起，我又不许放，他只得张着小嘴，呆看着空中出神，有时至于小半日。远处的蟹风筝突然落下来了，他惊呼；两个瓦片风筝的缠绕解开了，他高兴得跳跃。他的这些，在我看来都是笑柄，可鄙的。

有一天，我忽然想起，似乎多日不很看见他了，但记得曾见他在后园拾枯竹。我恍然大悟似的，便跑向少有人去的一间堆积杂物的小屋去，推开门，果然就在尘封的什物堆中发见（现一般写作"发现"）了他。他向着大方凳，坐在小凳上；便很惊惶地站了起来，失了色瑟缩着。大方凳旁靠着一个胡蝶（现写作"蝴蝶"）风筝的竹骨，还没有糊上纸，凳上是一对做眼睛用的小风轮，正用红纸条装饰着，将要完工了。我在破获秘密的满足中，又很愤怒他的瞒了我的眼睛，这样苦心孤诣地来偷做没出息孩子的玩艺。我即刻伸手折断了胡蝶的一支翅骨，又将风轮掷在地下，踏扁了。论长幼，论力气，他是都敌不过我的，我当然得到完全的胜利，于是傲然走出，留他绝望地站在小屋里。后来他怎样，我不知道，也没有留心。

然而我的惩罚终于轮到了，在我们离别得很久之后，我已经是中年。我不幸偶而（现写作"偶尔"）看了一本外国的讲论儿童的书，才知道游戏是儿童最正当的行为，玩具是儿童的天使。于是二十年来毫不忆及的幼小时候对于精神的虐杀的这一幕，忽地在眼前展开，而我的心也仿佛同时变了铅块，很重很重地堕下去了。

但心又不竟堕下去而至于断绝，他只是很重很重地堕着，堕着。

我也知道补过的方法的：送他风筝，赞成他放，劝他放，我和他一同放。我们嚷着，跑着，笑着。——然而他其时已经和我一样，早已有了胡子了。

我也知道还有一个补过的方法的：去讨他的宽恕，等他说，"我可是毫不怪你啊。"那么，我的心一定就轻松了，这确是一个可行的方法。有一回，我们会面的时候，是脸上都已添刻了许多"生"的辛苦的条纹，而我的心很沉重。我们渐渐谈起儿时的旧事来，我便叙述到这一节，自说少年时代的胡涂。"我可是毫不怪你啊。"我想，他要说了，我即刻便受了宽恕，我的心从此也宽松了吧。

"有过这样的事吗？"他惊异地笑着说，就像旁听着别人的故事一样。他什么也不记得了。

全然忘却，毫无怨恨，又有什么宽恕之可言呢？无怨的恕，说谎罢了。

我还能希求什么呢？我的心只得沉重着。

现在，故乡的春天又在这异地的空中了，既给我久经逝去的儿时的回忆，而一并也带着无可把握的悲哀。我倒不如躲到肃杀的严冬中去吧，——但是，四面又明明是严冬，正给我非常的寒威和冷气。

与鲁迅的《风筝》对话，抓住第5自然段的一句话："游戏是儿童最正当的行为，玩具是儿童的天使。"难怪放风筝的孩子快活地一边奔跑，一边喊叫……风筝断线了，飞跑了，找不到了，"天使"消失了，他们能不伤心吗？以至于他们垂头丧气坐在田埂上……

其次，我们还可以放飞林晓燕的"风筝"：

妈妈说我终于变好了，变得沉默了。是吗？顿时我的心汹涌澎湃，因为它勾起了我对往事的回忆……

小学的我一直改变不了放纵的天性，学习成绩常落得"大红灯笼高高挂"，爸妈对此也采取了很多措施，但收效甚少。

有一次，我被小伙伴手中的风筝迷住了。回到家，我绞尽脑汁花了近一个星期才把风筝做完，这只风筝虽然粗糙、丑陋，但毕竟是我亲手做的，所以我格外珍惜。正在兴奋之时，爸爸推开门，见状，脸上立刻"晴转多云"。"拿来！"爸爸厉声命令我，我紧紧把它搂在怀里，爸爸一把夺过风筝，就要撕，"不要撕，不要撕……"我苦苦地哀求着。于是爸爸搬来了梯子,把风筝挂在高高的墙上,严厉地说:"以后不许碰它,除非你考第一!"

从那时起,我明白了:童年已不属于我了。于是我收敛了一切贪玩的行为,开始了全新的学习生活,从此,我变得沉默了。

终于,我考了全班第一。爸妈脸上露出了久违的笑容。可他们不知道,女儿的脸上有多少疲劳和无奈啊!

在以后的日子里,我经常得第一,可谁也没提起那个可怜的风筝,那个未能翱翔的风筝。

几年过去了,当我从墙上取下它时,它已破旧、发黄、粘满蛛丝。看着它,我禁不住哭了,为我不幸的童年哭泣,因为别人的童年是在欢乐中度过的,而我的童年却被挂在了墙上。

与林晓燕的《挂在墙上的童年》对话,孩子们的疑问"风筝,为什么不见了"便清晰地浮出了水面——原来,风筝被一只只厌恶孩子玩耍的手,撕掉了,或者挂在了墙上。

再者,我们还可以放飞周国平的"风筝":

在人的一生中,童年似乎是最不起眼的。大人们都在做正经事,孩子们却只是在玩耍,在梦想,仿佛在无所事事中挥霍着宝贵的光阴。可是,这似乎最不起眼的童年其实是人生中最重要的季节。粗心的大人看不见,在每一个看似懵懂的孩子身上,都有一个灵魂在朝着某种形态生成。

对聪明的大人说的话:倘若你珍惜你的童年,你一定也要尊重你的孩子的童年。当孩子无忧无虑地玩耍时,不要用你眼中的正经事去打扰他。当孩子编织美丽的梦想时,不要用你眼中的现实去纠正他。如果你执意把孩子引上成人的轨道,当你这样做的时候,你正是在粗暴地夺走他的童年。

鲁迅、林晓燕、周国平的"风筝",与课文中的"风筝",在我们的心空放飞、对话。我们读了《风筝》,还会仅仅看到风筝吗?

不!风筝是儿童玩具的隐喻。换句话说,放飞风筝,便放飞了孩子的童年；没收了风筝，便没收了孩子的童年；撕毁了风筝，便撕毁了孩子的童年！

以非线性思维与文本对话，收获的是相互勾连、相互开启、相互融合的创意美。

第三节 创意案例

多维、灵动又焕然一新
——《白鹭》教学实录

一、教学实录

1. 古诗中的白鹭

师：看那雨后的燕子，剪着尾羽，时张时弛，我仿佛听见了钢琴的跳跃、欢愉、昂扬；看那山谷里的苍鹰，盘旋展翅，扶摇俯冲，我仿佛听到了大提琴的喑哑、低沉、忧郁；看那稻田里的白鹭，翩然滑翔，悠然钓鱼，我仿佛听到了小提琴的从容、优美、自尊……让我们走进古诗中的白鹭——

【文本一】

两只黄鹂鸣翠柳，一行白鹭上青天。
——杜甫

西塞山前白鹭飞，桃花流水鳜鱼肥。
——张志和

漠漠水田飞白鹭，阴阴夏木啭黄鹂。
——王维

贪看白鹭横秋浦，不觉青林没晚潮。
——苏东坡

东风染尽三千顷，白鹭飞来无处停。

——虞似良

（学生吟诵诗句。）

2. 散文中的白鹭

师：吟罢诗人笔下美轮美奂的白鹭，我们再来欣赏文学大家郭沫若笔下韵味无穷的白鹭（苏教版）——

【文本二】

白　鹭

白鹭是一首精巧的诗。

颜色的配合，身段的大小，一切都很适宜。

白鹤太大而嫌生硬，且不用说，即使像粉红色的朱鹭或灰色的苍鹭，也觉得大了一些，而且太不寻常了。

然而白鹭却因为它的常见，而被人忘却了它的美。

那雪白的蓑毛，那全身的流线型结构，那铁色的长喙，那青色的脚，增一点儿则嫌长，减一点儿则嫌短，素一点儿则嫌白，深一点儿则嫌黑。

在清水田里，时常有一只两只白鹭站着钓鱼，整个的田便成了一幅嵌在玻璃框里的图画。田的大小好像是有心人专为白鹭而设计的。

晴天的早晨，每每看见白鹭孤独地站立在小树的绝顶，看来像是不大安稳，而它却很悠然，这是别的鸟少有的一种嗜好。人们说它是在瞭望，可它真的是在瞭望吗？

黄昏的空中，偶尔可以见到白鹭在低低地飞。悠然地观看这情景，可说是乡村生活中的一大乐事。

或许有人会感到美中不足——白鹭不会唱歌。但是白鹭的本身不就是一首优美的歌吗？

白鹭实在是一首诗，一首韵味无穷的诗。

（生听师有感情地范读。）

师：请打开课本，初读课文之前先把生字、词语读一遍。

蓑（suō）毛、长喙（huì）、嗜（shì）好、瞭（liào）望、精巧、悠然、美中不足、韵味无穷

（生练习读生字。）

师：请你来读一读。

（一生读生字。）

师：读得很清晰，声音很清脆，听起来很清爽！

师：一起读一遍。

师：注意拿书的姿势（示范），会拿书了吗？让我看一看，姿势很到位，精神很饱满，眼睛很有神。念书的时候要做到"字字入眼，句句入心"。字字入眼，就是要看清楚每一个字，特别是生字；句句入心，就是要读清楚每一句话，牢记于心。自由读书。

（生练习读书。师巡视指导。读书声渐弱，一生坚持读到最后，师把话筒送到他面前。）

师：你读书很投入，很忘我。请告诉我叫什么名字？（生答）班里哪个同学平时站起来读书的机会较少？（生说××）请这位同学站起来。

（一生起立）

师：（走到他面前）他是你的好朋友，推荐你读书。（生点头）请你把课题读一读，好吗？

生：（声音较弱小）白鹭。

师：这肯定不是你最大的声音。

生：（响亮地）白鹭。

师：自信出来了！

师：（走到推荐者身边）举荐同学读书有功，奖励你往下读。能读得正确、流畅就行，当然这是底线，能读得有感情就更好了。

（生正确、流畅朗读了全文。）

师：听他读书，同学们一定有自己的看法。

生：我觉得他读得很有感情。

生：我觉得他课前预习得很好。

师：你自己认为呢？

生：我觉得我还没有读出最好的水平。

师：谦虚的同时发觉了自己有待开发的读书潜能。我相信你还有发展的空间，只要努力，就能再提高。（生点头）

师：课文刚刚拿到手，仅仅读了两遍，就能读得这么好，读得这么有效果，孙老师真高兴。白鹭这篇文章的作者郭沫若是用自己的真感情赞美白鹭，你能用课文开头与结尾的语句，说说作者是怎样赞美白鹭的吗？愿意说的请站起来。（大部分学生迅速起立）

生：白鹭是一首精巧的诗。

师：一起书空"精巧"。（板书：精巧。）

生：白鹭是一首韵味无穷的诗。（板书：韵味无穷。）

师：齐读"白鹭是一首精巧的诗，一首韵味无穷的诗"。

（学生读得较平淡。）

师：（范读，读出了"精巧"和"韵味无穷"）再读。

（生通过读继续感受白鹭是"精巧"的诗，"韵味无穷"的诗。）

（师再范读。）

生：（感情充沛，由衷赞美）白鹭是一首精巧的诗，是一首韵味无穷的诗。

师：我们把课文读成了一句话——白鹭是一首精巧的诗，是一首韵味无穷的诗。这样就把长文读短了。同时我们还抓住了"精巧、韵味无穷"，这样就把关键词读准了。

师：不知你们是怎样理解"精巧"的？

生：精致、巧妙。

生：精美、小巧。

生：好像是一位工人做出来的。

师：你是用生活来解释"精巧"的，真是眼明，心亮，嘴巧。

师：请你读一读课文的第2、5自然段，然后用"因为……所以"来说一说白鹭是一首精巧的诗。

（生轻声读书，练习说话。）

师：请用"因为……所以……"说一说白鹭是一首精巧的诗。

生：因为颜色的配合，雪白色的蓑毛。（第一次没有说到位）

师：不要慌，用第2、5自然段的话当原因来说一说。

生：因为白鹭"颜色的配合，身段的大小，一切都很适宜"，所以说白鹭是一首精巧的诗。

生：因为白鹭"那雪白的蓑毛，那全身的流线型结构，那铁色的长喙，那青色的脚，增一点儿则嫌长，减一点儿则嫌短，素一点儿则嫌白，深一点儿则嫌黑"，所以说白鹭是一首精巧的诗。

师：可以把两段加在一起当原因说。

生：因为"颜色的配合，身段的大小，一切都很适宜"，"那雪白的蓑毛，那全身的流线型结构，那铁色的长喙，那青色的脚，增一点儿则嫌长，减一点儿则嫌短，素一点儿则嫌白，深一点儿则嫌黑"，所以说白鹭是一首精巧的诗。

师：你们来说因为什么，我来说所以说白鹭是一首精巧的诗。

生：因为"颜色的配合，身段的大小，一切都很适宜"，"那雪白的蓑毛，那全身的流线型结构，那铁色的长喙，那青色的脚，增一点儿则嫌长，减一点儿则嫌短，素一点儿则嫌白，深一点儿则嫌黑"……

师：所以说白鹭是一首精巧的诗。

师：之所以说白鹭是一首精巧的诗，是因为……

生："颜色的配合，身段的大小，一切都很适宜"，"那雪白的蓑毛，那全身的流线型结构，那铁色的长喙，那青色的脚，增一点儿则嫌长，减一点儿则嫌短，素一点儿则嫌白，深一点儿则嫌黑"。

师：同桌配合练说"因为……，所以说白鹭是一首精巧的诗""之所以说白鹭是一首精巧的诗，是因为……"。

师：请放下书本。之所以说白鹭是一首精巧的诗，是因为……

生："颜色的配合，身段的大小，一切都很适宜"，"那雪白的蓑毛，那全身的流线型结构，那铁色的长喙，那青色的脚，增一点儿则嫌长，减一点儿则嫌短，素一点儿则嫌白，深一点儿则嫌黑"。

师：掌声。

（生鼓掌！）

师：白鹭长得精致，郭老写得精美。让我们再读第5自然段。

生："那雪白的蓑毛，那全身的流线型结构，那铁色的长喙，那青色的脚，增一点儿则嫌长，减一点儿则嫌短，素一点儿则嫌白，深一点儿则嫌黑。"

师：郭老怎么能把白鹭的脚描写得那么细腻？你猜猜。

生：认真观察过。

生：作者一定非常喜欢白鹭，才会观察得这么细致。

师：孙老师也找到了一种原因。（出示PPT）

战国的楚辞家宋玉在《登徒子好色赋》中，巧妙地动用了烘托的手法，描写了一个美女的肖像："东家之子，增之一分则太长，减之一分则太短，著粉则太白，施朱则太赤。"

师：请你们读一读。

生：战国的楚辞家宋玉在《登徒子好色赋》中，巧妙地动用了烘托的手法，描写了一个美女的肖像："东家之子，增之一分则太长，减之一分则太短。著粉则太白，施朱则太赤。"

师：再读"那青色的脚，增一点儿则嫌长，减一点儿则嫌短，素一点儿则嫌白，深一点儿则嫌黑"。

生："那青色的脚，增一点儿则嫌长，减一点儿则嫌短，素一点儿则嫌白，深一点儿则嫌黑"。

师：对比两个句子，你们从中发现了什么？

生：这两句都用到了烘托的手法。

生：前面都写的是长短，后面是颜色。

生：郭沫若模仿了宋玉的写法。

师：问"句"哪得"美"如许？为有源头活水来。再读这两句——

生："东家之子，增之一分则太长，减之一分则太短，著粉则太白，施朱则太赤。"

"那青色的脚，增一点儿则嫌长，减一点儿则嫌短，素一点儿则嫌白，深一点儿则嫌黑。"

师：如此经典的语句，如此精妙的写法，如果不在我们的记忆中永恒，多么遗憾啊！比赛谁记得快！

生：（背诵）"东家之子，增之一分则太长，减之一分则太短，著粉则太白，施朱则太赤。""那青色的脚，增一点儿则嫌长，减一点儿则嫌短，素一点儿则嫌白，深一点儿则嫌黑。"

师：如此经典的语句，我们记在了心间，如此精妙的写法，我们何不尝试运用？

"妈妈心灵手巧，为我编织毛衣"，仿照这种方法，把这句话说完整。

生：妈妈心灵手巧，为我编织的毛衣，增一点儿则嫌宽，减一点儿则嫌窄，深一点儿则嫌黑，素一点儿则嫌白。

师：你说的就是你身上穿的这件毛衣？

生：没错！这就是妈妈亲手为我编织的毛衣。

师：生活在"天堂"里的妈妈，心灵手巧，生活在"天堂"里的女儿，心灵口巧。

（一阵爽朗的笑声。）

师：白鹭不仅是一首精巧的诗，还是一首韵味无穷的诗。"韵味无穷"意思是？

生：回味无穷。

生：其中有很多种感觉。

生：情趣无穷、趣味无穷。

师：请把"韵味无穷"带进句子读一读。

生：白鹭是一首韵味无穷的诗。

师：再来。

生：白鹭是一首韵味无穷的诗。

师：再来。

生：（一遍比一遍读得有韵味）白鹭是一首韵味无穷的诗……

师：白鹭的韵味无穷具体体现在第6、7、8自然段的语言文字里，仔细阅读，用心体会。边读边想象画面。

（生轻声读课文。）

师：读了第6自然段，你的脑海中浮现了什么画面？

生：白鹭在钓鱼。

师：（出示白鹭站在水中钓鱼的图片）能给这幅图取个名字吗？

生：白鹭捉鱼。

生：白鹭垂钓。

生：白鹭钓鱼。

师：名字取得很有诗意。

师：读了第7自然段，想象到什么画面？

生：一只白鹭正在向远处瞭望。

师：（出示白鹭站立小树绝顶的图片）可以取个什么题目？

生：白鹭远眺。

生：白鹭思乡。

生：白鹭观景。

生：白鹭瞭望。

师：那么读了第8自然段，你眼前浮现了什么画面？

生：白鹭在夕阳的映衬下低低地飞。

师：白鹭、夕阳，把色彩感也说出来了。（出示白鹭在空中飞翔的图片）

生：白鹭在暮色中翱翔。

生：披着夕阳余晖的白鹭。

生：白鹭低飞。

师：眼睛看着文字，脑子想象画面，语言高度概括，真了不起！"白鹭钓鱼""白鹭瞭望""白鹭低飞"，多美的画面啊！让我们再读第6、7、8自然段，体会白鹭那韵味无穷的美。

（生放声朗读。）

师：先来欣赏"白鹭钓鱼"。读第6自然段，注意一个字——钓。

生："在清水田里，时常有一只两只白鹭站着钓鱼，整个的田便成了一幅嵌在玻璃框里的图画。田的大小好像是有心人专为白鹭而设计的。"

师：我认为这里的"钓"可以改成"捉"，时常有一只两只白鹭站着捉鱼，可以吗？发表你的意见。

生：我认为用"捉"不如用"钓"。因为"钓"是在那里等待着鱼过来，而"捉"是主动去抓鱼。

师：（佯装）你说的什么？我没听清楚。

生："钓"，是白鹭在那里等鱼过来；"捉"，是白鹭走过去把鱼抓上来。

师：你的意思是说"钓"是静静等待，"捉"是主动出击。

生：是这样的！

师：注意听，我让她说第三遍了。

师："钓"是？

生："钓"是等待鱼上钩，是被动的，而"捉"是主动出击，是主动的。

师：怎么没有掌声？

（生热烈鼓掌！）

师：还有不同的看法吗？

生：我觉得"捉"有一种动态的美，"钓"有一种静态的美。

生：我觉得静态的美更好一点。

师：因为？

生："钓"是拟人化的写法，钓鱼比较休闲、娱乐。

生：白鹭很漂亮，我觉得用"钓"的话，比较雅观。

师：用"捉"就比较粗鲁？（生笑）

生：我觉得用"钓"的话，显得白鹭很悠然、很恬静、很田园，无忧无虑的。（鼓掌）

师：看来，孙老师改的"捉"远远不如"钓"，一"钓"百味出，所有的韵味都在一个"钓"字上。想想看，那瓦蓝瓦蓝的天，那碧绿碧绿的水，那雪白雪白的鹭，那自然和谐的色彩，那一尘不染的明澈，那浑然天成的图画，那悠然自得的垂钓。不就是一幅嵌在玻璃框里的图画？什么画值得放在玻璃框里？

生：一般都是美景图。

生：一般都是名家的画。

师：在郭老的眼里，白鹭钓鱼就是一幅画，一幅风景优美的画，一幅永不褪色的风景画。这幅画不仅值得镶嵌在玻璃框里，还值得镶嵌在我们的眼里，镶嵌在我们的心里。再读第6自然段。

生："在清水田里，时常有一只两只白鹭站着钓鱼，整个的田便成了一幅嵌在玻璃框里的图画。田的大小好像是有心人专为白鹭而设计的。"

师：悠闲的垂钓，悠然的生活，优美的语言，让我们记住它，背诵它。齐读第6自然段。

生：（齐）"在清水田里，时常有一只两只白鹭站着钓鱼，整个的田便成了一幅嵌在玻璃框里的图画。田的大小好像是有心人专为白鹭而设计的。"

师：这段文字值得我们一读再读，一品再品，一背再背，请你来背一背。

生："在清水田里，时常有一只两只白鹭站着钓鱼，整个的田便成了一幅嵌在玻璃框里的图画。田的大小好像是有心人专为白鹭而设计的。"

师："白鹭垂钓"是悠然的，"白鹭瞭望"是富有个性的。请你读第7自然段。

生："晴天的早晨，每每看见白鹭孤独地站立在小树的绝顶，看来像是不大安稳，而它却很悠然，这是别的鸟少有的一种嗜好。人们说它是在瞭望，可它真的是在瞭望吗？"

师：读得真好，仿佛把我带进了画面。孩子们，什么是"嗜好"啊？

生：爱好。

生：与众不同的爱好。

师：再读"晴天的早晨，每每看见白鹭孤独地站立在小树的绝顶，看来像是不大安稳，而它却很悠然，这是别的鸟少有的一种嗜好"。回到句子里体会白鹭那与众不同的"嗜好"。

师："晴天的早晨"，是说白鹭悠然站立小树绝顶的？

生：时间。

师："每每"是说白鹭悠然站立小树绝顶的？

生：次数很多。

师：白鹭悠然地站立小树绝顶，看上去？

生：不安稳

师：白露却？

生：很悠然。

师：这就是白鹭与众不同的？

生：嗜好

师：再读读白鹭与众不同的嗜好。

生："晴天的早晨，每每看见白鹭孤独地站立在小树的绝顶，看来像是不大安稳，而它却很悠然，这是别的鸟少有的一种嗜好。"

师："人们说它是在瞭望"。假如这是只羽毛刚刚丰满的白鹭少年，它在瞭望什么？

生：看着远处的白云，想起自己的母亲。

师：少年白鹭，少年情怀，望山思母。

师：假如这是一位妙龄的白鹭姑娘，它在瞭望什么？

生：也许是在向往远方那位可以和自己一起生活的同伴。（笑）

师：假如这是一位白鹭先生，它在瞭望什么？

生：看看自己外出的儿女回来没有。

师：假如这是一位白鹭妈妈，它在瞭望什么？

生：瞭望远处自己的先生在哪里。

生：看看儿女离开自己这么久，会不会独立生活。

师：不同的白鹭，瞭望的动机不一样，瞭望的心绪就不一样。"可它真的是在瞭望吗？"如果说它不是在瞭望，它是在干什么？

生：它是在思考？

师：思考什么？

生：思考自己的将来。

师：将来上哪一所大学？（笑）

生：它在研究，研究怎样抓鱼。

生：它在呼吸新鲜空气。

生：它在回忆小时候的同伴。

生：它在打发时间。（笑）

生：它什么都没想，它在享受大自然。

师：白鹭也许是在瞭望，瞭望良辰美景；也许是在聆听，聆听万籁之音；也许是在享受，享受悠然自在……其中万千味道，待我们好好品读。齐读第7自然段。

生："晴天的早晨，每每看见白鹭孤独地站立在小树的绝顶，看来像是不大安稳，而它却很悠然，这是别的鸟少有的一种嗜好。人们说它是在瞭望，可它真的是在瞭望吗？"

师：白鹭瞭望，情趣多多；白鹭低飞，诗意连连。齐读第8自然段。

生："黄昏的空中，偶尔可以见到白鹭在低低地飞。悠然地观看这情景，可说是乡村生活中的一大乐事。"

师：白鹭在低低地飞，那么晚了，它要飞向哪里？

生：看见天色已晚，白鹭要飞回家去了。

师：为什么是低低地飞呢？仿佛触手可及啊！

生：它可能飞了一天了，觉得太累了。

生：它想近距离地看美景。

生：它可能还想看一下河里有没有鱼，明天再来吃。

师：连明天的事都考虑好了。

生：我觉得这可能是一群贪玩的白鹭，玩得筋疲力尽，所以飞不高了。

生：它们不怕人，人们不会伤害它们。

师：白鹭低低地飞，飞向哪里，你们有自己的欣赏，自己的品味，自己独到的见解。夕阳西下，忙完了一天的功课，放学回家的孩子偶然看见白鹭低低地从空中飞过，他会说——

生：白鹭真是悠然自得啊！

生：我真羡慕你们啊，能自由自在地飞翔。

生：我真想插上翅膀和白鹭一起飞啊！（鼓掌）

师：干完一天的农活就要回家的父亲，看到正在低飞的白鹭，他会说——

生：我们真向往白鹭那悠闲的生活。

生：白鹭真是悠闲自在。

师：做好晚饭，等待孩子和丈夫回来的母亲，看见白鹭会说——

生：鸟儿都回家了，我的丈夫和孩子怎么还没回家呢？

师：落霞与"白鹭"齐飞，秋水共长天一色，多么富有诗情画意；人鸟两相见，相见两不厌，多么自然和谐。此时此刻，我们多么想做一只飞翔的白鹭，来放飞自己的悠闲，放飞自己的嗜好，放飞自己的自由，放飞自己的梦想，放飞自己的童年……齐读第8自然段。

生："黄昏的空中，偶尔可以见到白鹭在低低地飞。悠然地观看这情景，可说是乡村生活中的一大乐事。"

师：这就是我们眼里的白鹭，这就是郭沫若笔下的白鹭。第6、7、8自然段短短的158个字，言已尽而意无穷。齐读——白鹭是一首韵味无穷的诗。

生：白鹭是一首韵味无穷的诗。

师：白鹭在清水田里钓鱼是悠然的，白鹭站在小树的绝顶是悠然的，白鹭在空中低飞，带给人的感受是悠然的，这就是——

生：韵味无穷的白鹭。

师：让我们再一次品读第6、7、8自然段。

（生声情并茂地朗读。）

师：白鹭是一首精巧的诗，一首韵味无穷的诗。可有人还不满意。读第9自然段——

生："或许有人会感到美中不足——白鹭不会唱歌。但是白鹭的本身不就是一首优美的歌吗？"

师：有人说，白鹭不会唱歌，这是美中不足，你怎么来看待它的美中不足？

生：我觉得看着白鹭就觉得心旷神怡，也不用听它的声音，就觉得很美。

生：我觉得正常，因为人无完人。（笑）

生：白鹭婀娜的身姿，让我把它的美中不足忘记了。

生：虽然不会唱歌，可它的外观已经盖住了它的缺点。

师：造物主是有败笔的，任何事物都有美中不足，维纳斯也有着缺憾的美，白鹭不会唱歌，维纳斯也不用唱歌。再读这一自然段。

生："或许有人会感到美中不足——白鹭不会唱歌。但是白鹭的本身不就是一首优美的歌吗？"

师：白鹭如诗，是一首精巧的诗，一首韵味无穷的诗。

白鹭如画，是一幅灵动的画，一幅意境深远的画。

白鹭如歌，是一曲无言的歌，一曲拨动心弦的歌。

白鹭如舞，是一支多姿的舞，一支曼妙丰盈的舞。

孩子们，让我们再看一看这美的天使，美的精灵，美的化身，让我们和白鹭的美共舞，用我们的心与之共舞。

（出示图片，配音欣赏25幅白鹭生活图。）

师：白鹭有大美而不言，它不言，我们言，我们读书，我们言说。你们现在是六年级，这时读《白鹭》，犹如在缝隙中窥月；过几年，当你们上大学的时候，再读《白鹭》，就像在庭院中望月；如果你们有兴趣，年老的时候，再来读《白鹭》，就会如同在平台上玩月。如果我们再来读林清玄的《白鹭》（原名《白鹭鸶家园》，根据教学需要更改），又是一番别样的滋味。

3. 随笔中的白鹭

【文本三】

白　鹭

高藏县林园乡有一处白鹭鸶聚集的树林，几万只鹭鸶在翠绿的林中，仿佛是苍茫的海中白帆点点，白鹭鸶飞翔的姿势从容优美，起飞时真像帆船初航，回巢时则像归航。

我随居住林园的朋友去看白鹭鸶，走近林中，才发现树林下有很多白鹭鸶的尸体，有许多骨肉都已化去，只留下一摊一摊的羽毛，在茂密的林间显得益发苍白。

长期观察白鹭鸶的朋友告诉我："那些鹭鸶都没有老到会死的地步，只是无法飞到外面去找食物，鹭鸶儿女只能照养下一代，对父母向来是不管的。于是它们飞出巢外就会坠落在树林中，有时哀哀苦叫了两三天才会死去。"

我们看着满地白鹭鸶的尸体，感觉到心情十分沉重。朋友说："对父母的难以孝养，是动物在激烈生存竞争中发展出来的天性。"

我说："幸好我们是人呀！我们可以一方面疼爱子女，一方面孝养父母，可以安立在天地之间。"

我们坐在林外的田野，看白鹭鸶一次又一次地起飞和归航，是那么美和优雅，感觉到有着因缘和情义的人是多么幸福，可以张开双翅膀向远方而心里有所寄托；每次从不可知的旅途归航，都有辉煌的灯火，在黑夜中等待我们。

生：读古诗中的《白鹭》，读郭沫若的《白鹭》，再读林清玄的《白鹭》，我越来越完整地认识了白鹭。美，可以是外在的；善，一定是内在的。

生：群文阅读白鹭，我想到了乌鸦。去年，我去加拿大温哥华，走出温哥华机场，看到机场的停车场有许多乌鸦，甚至停在车顶上，见到人也不怕生，"哑哑"地叫，绕在人的身边飞。

来接机的朋友看我露出讶异的神情，笑着说："加拿大的乌鸦最多了，加拿大人把乌鸦当成吉祥的鸟。"

"为什么呢？"

"因为乌鸦很聪明、很讨人喜欢，声音也很好听，又能维持生态的平衡。乌鸦也是极少数会反哺的鸟。"

在中国人眼中是凶鸟的乌鸦，在加拿大人眼中却是吉祥鸟，可见这个世界上事物的价值是因人而异的，如果改变了我们的偏见，事物的价值就改变了。

师：白鹭就是白鹭，不同人从不同角度会看到不同的白鹭！林清玄先生写过一首禅诗：白鹭立雪，愚人看鹭，聪者观雪，智者见白。

二、教学反思

白鹭是美的，创课也应该是美的。美在师生互动的"对话"，美在"对话"中的情，"对话"中的趣，"对话"中的味。妙趣横生、韵味无穷的"对话"使"白鹭垂钓图""白鹭瞭望图""白鹭低飞图"一幅幅画面灵动了起来。

"垂钓"的平静与安详、"瞭望"的躁动与不安、"低飞"的洒脱与飘逸，全都种在了学生的心田里，印在了观课者的脑海里。

1. 白鹭垂钓图——"钓"出了味

学习"白鹭垂钓图"，相机叩问："钓"可以改成"捉"，时常有一只两只白鹭站着捉鱼，可以吗？一石激起千层浪，学生各抒己见……叶圣陶先生说："一字未宜忽，语语悟其神。"意思是说，品味语言要"细致入微"，肯下功夫。要落实到一个词语、一个句子，抓住一词、一句，在细微之处做文章，通过潜心体会，揣摩其中的内涵，品出其中的滋味。"在清水田里，时常有一只两只白鹭站着钓鱼，整个的田便成了一幅嵌在玻璃框里的图画。"这是一个极具神韵，值得细细咀嚼、玩味的句子。其中"钓"字准确、传神，是句子之"眼"，虽是一字，却韵味无穷。教学中，扣住"钓"字，采用比较的方法，比出"钓"和"捉"的不同，明白"钓"中包含的韵味，体会作者用词造句的匠心，从而实现了阅读主体与文本（作者）的对话。在对话中，学生的发言是精彩纷呈的——对主动和被动的分析、静态和动态的探讨、拟人化和悠闲的感悟……学生的精彩源于教师的精彩，那就是"重过程，轻结果；尊重文本，更尊重学生"，为学生构建了一个对话的平台——把"捉"和"钓"放到一起进行比较（而不是把"捉"当作"钓"的陪衬），让学生在自由宽松的氛围中品读、感悟。

2. 白鹭瞭望图——"望"出了情

"一切景语皆情语"，《白鹭》作为写景的文章，字里行间饱含着作者的感情。作者的感情倾注其中，流注笔端，但是这种感情"示而不宣"，需要读者在和文本接触、碰撞的过程中去感悟。白鹭在瞭望吗？如果在瞭望，它在瞭望什么？瞭望的同时在想些什么？不同年龄（角色）的白鹭会有怎样的情感世界？所有的这一切都是文本给读者留下的阅读空间，美好的情感就在这空间中孕育和产生。教学中，如果仅仅停留在对"瞭望"一词的字面分析上，那么，阅读教学只是语言到语言的平面滑动，不会有立体的互动，更不会有情感层面的触动。没有情感参与的对话充其量只能说是传统意义上的"问答"。教学中我扣住"瞭望"一词，没有对词义作太多的分析，而是让学生想象瞭望的内容，并给学生提供了各种不同的角色。这就有效地实现了情感层面的对话，把文本的情感因素悟了出来。此时，与其说白鹭在瞭望，不如说学生自己在瞭望，在回望自己，展示自己独特的情感世界，美好的情感在"瞭望"中得到了尽情的展示。如此的阅读教学才是深层次的心与心的交流。

3. 白鹭低飞图——"飞"出了趣

语文教学是最具人文色彩的学科，它的"人文性"要求语文教学不该有正襟危坐的严肃，也不该有"学究考据"的深沉，而应该在其乐融融、趣味无穷的气氛中自由对话，在对话中实现成长。"落霞与'白鹭'齐飞，秋水共长天一色"的"白鹭低飞图"给人以无限遐想和美感。白鹭在"飞"，它会"飞"出些什么？不同的执教者会有不同的理解和不同的设计，最后会产生不同的结果。教学中老师要做善飞之"鸟"。先虚晃一枪，让学生说说"为什么低低地飞"。这是一个没有固定答案的问题，它有各种各样的可能。学生的精彩回答，文本的丰富内涵和情趣都在这"可能"中诞生。教学中，学生说出了许多有趣的答案，为"白鹭低飞图"增添了许多情趣。接着，让学生对低飞的白鹭说说自己的心里话。学生继续对话，与白鹭对话，与自己对话。他们的心已经飞出了文本，飞出了教室，从心底里发出了"我要飞翔"的呼唤。这正是"对话"追求的美好境界！

4. 白鹭多维图——"观"出了智

群文阅读，除了注重主打文本，还要兼顾附件文本，这样的群文阅读就形成了密集而多样的精神行为相互间的竞争；也使得新的强度中心由此不断形成并向外辐照炽烈的空间关系的自我强调。群文阅读犹如布景，它管理着生命的线条，让生命力在复杂事物中得以表露、铺展和存续。每个阅读的生命主体都会从中受到鼓舞激荡，但同时也消散洒落于外界，摆脱了封闭，变得多维、灵动又焕然一新。

佳话供欣赏，悲剧供咏叹
——《凄美的放手》教学实录

王鼎钧先生说，爱情有万分之一是佳话，万分之一是悲剧，万分之九千九百九十八是生活。佳话是供人欣赏的，悲剧是供人咏叹的，生活才是可以身体力行的。佳话供欣赏，悲剧供咏叹，两者都并非供人模仿学习。闻佳话而不欣赏者其人无趣，闻悲剧而不咏叹者其人无情，世上有人对情如此痴迷，顽石为之点头。让我们带着"佳话供欣赏，悲剧供咏叹"的情怀欣赏根据著名作家张丽钧的散文改编的课文——《凄美的放手》。

凄美的放手

（一）莫莉亚丝的放手

那是一个晴朗的夏日。一场普普通通的攀岩比赛正在美国的一个普普通通的地方举行。美国加州攀岩俱乐部的罗夫曼和妻子莫莉亚丝同时攀岩。罗夫曼的攀岩速度比妻子快一些，他很快就成了供莫莉亚丝仰视的风景。没有任何防护，他们是岩壁上会呼吸的岩石。顶峰越来越近了，参观的人群情不自禁地雀跃欢呼起来。然而就在这时，位于莫莉亚丝右上约5米处的罗夫曼突然一声惨叫，他失足了！正在攀岩的莫莉亚丝蓦然瞥见险象，毅然脱离了崖壁，伸出双手准确地搂接住了迅速下坠的罗夫曼。两个人紧紧依偎着，共同坠入万丈深谷。

这瞬间发生的惨剧惊呆了在场的每一个人。

莫莉亚丝那个漂亮的搂接动作被摄像师定格成了旷世经典。

——亲爱的，别做傻事！我们似乎听见罗夫曼在说。

——不要，不要推开我！这是莫莉亚丝的坚定的声音。让我再陪你走一程。让云擦着我们的眉睫，让风掠过我们的耳际。从巅峰到谷底，我们的后半生多么的匆遽啊！如果一切还来得及，我真愿和你再重复一遍我们携手共度的好时光。我们厮守着，啜饮千般欢爱，沐浴万种柔情……可是现在，我们却在坠落，坠落。噢，让我们抱得更紧一些吧，因为，我们生命的花就要在洁净的谷底灿然绽放了。亲爱的，我知道我根本无力救你，我只是想救起那个字：

——爱。

（二）校长妻子的放手

1998年夏，中国嘉鱼。洪水铺天盖地袭来的时候，董方保和他的妻子在急流中同时抓住了一棵小树。他们都不会水，求生的本能使他们死死地抱住了那棵救命的小树。洪水迅猛地往上涨，他们拼死地往上爬。终于，幼嫩的树干再也无力承受两个人的重量，一点点朝水面弯下来，弯下来。妻子平静地看了丈夫一眼，说："还有那么多孩子等着你呢，多保重呵。"还没等董方保反应过来，他的妻子已从容地放开了紧握树干的双手，消失在了湍急的洪流中。

董方保悲痛欲绝，但理智告诉他，他不可以随她而去——他是一所小学的校长，他的生命属于千百个天使般的孩子。

——让我先走一步吧。这是一个爱着丈夫所爱的女人最后的心音。你可知道，我多么不愿也不忍这么早就对你说出这诀别的话语。别了，生我养我的土地；别了，生死相依的爱人。带着我的一颗心好好活下去呵。等到洪水退去的时候，请你一定要领着我们的女儿小董钰来寻这棵树，告诉她，妈妈曾经怎样紧握，更要告诉她，妈妈又是怎样微笑着放手。

一、入题

师：同学们，喜欢猜谜语吗？

生：（兴奋地）喜欢！

师：这个谜语可能有点难度。但它难不住认真听、会思考的同学。"一只大羊没尾巴，打一个字。"（片刻，有学生举手）

师：请把你猜到的那个字写在黑板上。

（生一笔一画地写"美"。）

师：你们一定能说出含有"美"的词语。

生：美术、美丽、美目传神。

生：唯美、绝美、审美。

生：完美无缺、美不胜收、两全其美、美轮美奂。

生：凄美。

师：请你到黑板前，写一写这个词。

（生写"凄美"。）

师：平时了解过哪些凄美的故事？

生：《卖火柴的小女孩》是凄美的。

生：《小音乐家杨科》是凄美的。

生：有个著名的女词人李清照，自从她的丈夫去世后，她所写的词都是凄美的。

师：譬如——

生：《声声慢》。"寻寻觅觅，冷冷清清，凄凄惨惨戚戚。乍暖还寒时候，最难将息。三杯两盏淡酒，怎敌他、晚来风急？雁过也，正伤心，却是旧时相识。满地黄花堆积，憔悴损，如今有谁堪摘？守着窗儿，独自怎生得黑！梧桐更兼细雨，到黄昏、点点滴滴。这次第，怎一个愁字了得！"（热烈鼓掌）

师：你们还知道的凄美的故事有——

生：《牛郎织女》。

师："盈盈一水间，脉脉不得语。"无情的天河凄楚地隔开了两个如胶似漆的佳侣。

生：《梁山伯与祝英台》。

师：家喻户晓、妇孺皆知的《梁山伯与祝英台》，凄美、哀婉，一对有情人只能化蝶相会。那么，外国的有没有？

生：《罗密欧与朱丽叶》。（掌声）

师：呵！真不简单！凄美的故事让人记忆深刻。今天孙老师和你们再来学习一篇凄美的故事，它是根据我国著名作家张丽钧的文章改编的课文——《凄美的放手》。请跟老师写课题。

师：（边板书课题"凄美的放手"，边旁白）写字一笔一画，做事认认真真。今天把一个字写好了，明天把一件事做好了。人人都这样，该有多么和谐，多么美好！大家一起读课题。

生：（齐读）凄美的放手。

二、品读"莫莉亚丝的放手"

师：找到感觉了吗？读书要像唱歌一样，先要找准基调。

生：（齐读）凄美的放手。

师：有点感觉了。

生：（声音轻轻）凄美的放手。

师：声音再轻一点。

生：（"凄美"读得轻轻的）凄美的放手。

师：看文题，"凄"是什么意思？

生：凄凉、悲伤。

生：伤感。

生：凄惨。

生：凄楚。

师：那么"美"呢？

生：美丽、美好。

生：美妙。

生：壮美、悲美。

师：好一个"悲美、壮美"！

师：放手（正说着，松开手，手中的粉笔随之落地），不就是一个简单的、普通的、平常的手上动作吗？为什么说放手是"凄惨"的，是"壮美"的呢？

（生疑窦丛生……）

师：答案就在课文中，请同学们把书拿出来。先看孙老师是怎样拿书的，你的眼神很重要。读书的时候要字字入目，句句入心。字字入目就是要求每一个字都不要放过，读准它的字音。句句入心，就是要读通顺每句话，就是要认真想一想："放手"是说谁放的手？从哪里放的手？放手的结果是什么？现在请同学们放开声音，自由读课文。

（生练习读课文，一时间书声琅琅。）

师：书声琅琅，在孙老师的耳朵里，那就是最美妙的乐章。孙老师很喜欢听同学们读书，我更喜欢看你们读书时的专注神情。读书，只要努力，就会有收获。刚才同学们读得很认真，只要你能读正确就行了，当然你能读得有情感、很流畅，那就更让人羡慕了。愿意读书的，请站起来。

（生迅速地站起来。）

师：请你到前面来。下面的同学可以选择如下两种办法之一，弥补你没能前来读书的遗憾：第一，她用声音读，你用气息跟着读；第二，她用声音读，你用心听。

师：告诉老师，你叫什么名字？在你没读书之前，推荐一位平时读书机会较少的同学先读，好吗？

（该生推荐了一位同学。）

师：（友善地跟被推荐的同学说）孙老师不为难你，只要你把课题读出来就可以了。

生：凄美的放手。

师：你满意吗？

生：满意。

师：你要感谢这位同学，是她给了你一次展示自己读书的机会。

生：谢谢！

师：你推荐同学读书有功，奖励你继续读下去。

生："那是一个晴朗的夏日。一场普普通通的攀岩比赛正在美国的一个普普通通的地方举行。美国加州攀岩俱乐部的罗夫曼和妻子莫莉亚丝同时攀岩。罗夫曼的攀岩速度比妻子快一些，他很快就成了供莫莉亚丝仰视的风景。没有任何防护，他们是岩壁上会呼吸的岩石。山峰越来越近了……"

师：（佯装没听清）什么越来越近了？

生："顶峰越来越近了"。

师：哦！看看我的耳朵。（诙谐地）

生："顶峰越来越近了，参观的人群情不自禁地雀跃欢呼起来。然而就在这时，位于莫莉亚丝右上约5米处的罗夫曼突然一声惨叫，他失足了！正在攀岩的莫莉亚丝蓦然瞥见险象……"

师：什么见？你再读一遍。

生：瞥（piě）见。

师：同桌告诉他。

生：瞥（piē）见。

师：你读的是正确的，请带领大家把这个词语读三遍。

生：瞥见，瞥见，瞥见。

师：（问读错的同学）你现在知道怎么读了？你再带领大家读两遍。

生：瞥见，瞥见。

师：刚才读错了，马上改正，接着又做大家的"老师"教别人读，进步真快！你做一个"瞥见"的动作让大家看一看。同学们都做一个"瞥见"同桌的动作。好，字音读准确了，动作也做得很到位，词语自然也就理解了。请继续往下读。

生："正在攀岩的莫莉亚丝蓦然瞥见险象，毅然脱离了崖壁，伸出双手准确地搂接住了迅速下坠的罗夫曼。两个人紧紧依偎（wèi）着，共同坠入万丈深谷。"

师：你心理素质会越来越好的。这里是两个人紧紧依偎（wèi）着，共同坠入万丈深谷。再重新读一遍。

生："两个人紧紧依偎（wēi）着，共同坠入万丈深谷。"

师：好孩子，我知道你是故意的，故意想引起大家的警觉。依——

生：依偎（wēi）。

师：读书机会又来了。

生：（有一个学生迅速站了起来）"这瞬间发生的悲剧惊呆了在场的每一个人。//莫莉亚丝那个漂亮的搂接动作被摄像师定格成了旷世经典。"

师：喜欢读书的同学，一起接着往下读。

生："——亲爱的，别做傻事！我们似乎听见罗夫曼在说。//——不要，不要推开我！这是莫莉亚丝的坚定的声音。让我再陪你走一程。让云擦着我们的眉睫，让风掠过我们的耳际。从巅峰到谷底，我们的后半生多么的匆遽啊！"

生："如果一切还来得及，我真愿和你再重复一遍我们携手共度的好时光。我们厮守着，啜饮千般欢爱，沐浴万种柔情……可是现在，我们却在坠落，坠落。噢，让我们抱得更紧一些吧，因为，我们生命的花就要在洁净的谷底灿然绽放了。亲爱的，我知道我根本无力救你，我只是想救起那个字：//——爱。"

师：读得很正确，请接着往下读。

生："1998年夏，中国嘉鱼。洪水铺天盖地袭来的时候，董方保和他的妻子在急流中同时抓住了一棵小树。他们都不会水，求生的本能使他们死死地抱住了那棵救命的小树。洪水迅猛地往上涨，他们拼死地往上爬。终于，幼嫩的树干再也无力承受两个人的重量，一点点朝水面弯下来，弯下来。妻子平静地看了丈夫一眼，说：'还有那么多孩子等着你呢，多保重呵。'还没等董方保反应过来，他的妻子已从容地放开了紧握树干的双手，消失在了湍急的洪流中。"

师：读得正确、流利。

生："董方保悲痛欲绝，但理智告诉他，他不可以随她而去——他是一所小学的校长，他的生命属于千百个天使般的孩子。//——让我先走一步吧。这是一个爱着丈夫所爱的女人最后的心音。你可知道，我多么不愿也不忍这么早就对你说出这诀别的话语。别了，生我养我的土地；别了，生死相依的爱人。带着我的一颗心好好活下去呵。等到洪水退去的时候，请你一定要领着我们的女儿小董钰来寻这棵树，告诉她，妈妈曾经怎样紧握，更要告诉她，妈妈又是怎样微笑着放手。"

师：课堂上仅仅练习读了一遍，你们已经能够读得正确、流利，有的同学还能读得比较有感情，的确了不起。孩子们，思考一下，凄美的放手，第一个故事中的放手是说谁放手？

生：第一个故事是讲罗夫曼的妻子莫莉亚丝放手。

师：从哪儿放手？

生：从崖壁上放手。

师：第二个故事呢？

生：第二个故事是说董方保的妻子放手。

师：从？

生：董方保的妻子是从小树上放手。

师：放手的结果呢？

生：董方保的妻子落到了湍急的洪流中，莫莉亚丝和她的丈夫紧紧地依偎着坠入了万丈深谷。

师：比较长的一篇课文，经过你们自己的阅读，自己的理解，把它变成了两句话。讲的是两个女人的放手，一个女人从？

生：岩壁上放手。

师：结果？

生：坠入了万丈深谷。

师：另一个女人？

生：放开了紧握树干的双手。

师：结果是？

生：消失在了湍急的洪流中。

师：原来，放手就是意味着？

生：死亡。

师：这就是？

生：凄惨！

师：是啊！世界上还有比一个鲜活的生命瞬间的死亡更凄惨的吗？但是作者为什么又说是美丽的呢？

（生一下子陷入深思。）

师：也许，死亡有大美而不言，它不言我们言。我们读书，我们言说。说出我们对死亡的理解，说出死亡背后的壮美。孩子们，再回到课文中去，认真地去读。请你上来，咱们合作、携手，与课文对话，共同感受"放手"的悲美。

师：（扶着学生的肩膀）你叫什么名字？

生：我叫贾珍伟。

师：你叫珍伟！（笑声）珍伟，你来读一遍。我们共同聆听文章背后的声音，聆听那死亡当中的壮美、凄美、悲美……

生："那是一个晴朗的夏日。"

师：告诉我们故事发生的？

生：时间。

生："一场普普通通的攀岩比赛正在美国一个普普通通的地方举行。"

师：美国的一个普普通通的地方是？

生：地点。

生："美国加州攀岩俱乐部的罗夫曼和妻子莫莉亚丝同时攀岩。"

师：罗夫曼和妻子莫莉亚丝是？

生：人物。

师：同时攀岩是？

生：事件。

师：于是我们知道写记叙文的时候，一般要交代的四要素是？

生：时间、地点、人物、事件。

师：我说文章有大美而不言，我们用我们的眼睛去看，用头脑去思考，用心灵去记忆。美文就是这样炼成的——简单、明了。

生："罗夫曼的攀岩速度比妻子快一些，他很快就成了供莫莉亚丝仰视的风景。"

师：这是一个什么句子？

生：比喻句。

师：你平时都看过哪些风景？

生：桂林山水。

生：杭州的"断桥残雪"。

师：看风景的感受是？

生：舒服。

生：赏心悦目。

师：表明你对风景的？

生：喜爱。

师：罗夫曼就是罗夫曼，莫莉亚丝就是莫莉亚丝，两个人同床共枕、同桌共饮、朝夕相处，罗夫曼不就是攀岩的速度比妻子快一些嘛，为什么妻子看他的时候像看风景？

生：攀岩是垂直的，莫莉亚丝看到的是丈夫的脚，像岩石一样。

师：这是你对"风景"的个人理解。

生：后面说了他们没有任何防护，和岩壁贴得很紧，像岩壁上会呼吸的岩石，这是多么惊险的场面，所以说像"风景"一样。

师：只要能自圆其说就是动脑筋的表现。还有没有不同看法？我刚才说了那是她同床共枕、同桌共饮、朝夕相处的丈夫，她看丈夫像看风景，从情感的角度上说明？

生：说明他们俩有深厚的感情。

生：妻子爱丈夫。

师：情人眼里出？

生：西施。

师：风景。

师：她看丈夫像看一道风景，是因为有深厚的感情在里面。这句话应该怎样读，才能表达这份情？

生：（感情水到渠成）"罗夫曼的攀岩速度比妻子快一些，他很快就成了供莫莉亚丝仰视的风景。"

师：真美！一起把这句话再读一遍。

生：（齐读）"罗夫曼的攀岩速度比妻子快一些，他很快就成了供莫莉亚丝仰视的风景。"

师：如果想把内心的情感写出来，要不要大声疾呼：我爱罗夫曼？

生：不要。

师：课文这样写——

生：更能体现妻子对丈夫的感情。

师：课文这样写就叫含蓄。她把对丈夫的爱藏在心里，她看丈夫像看风景一样。如果每一个人，每一个家庭，你看我，我看你，都像看风景一样该有多好啊！再读这句话。

生："罗夫曼的攀岩速度比妻子快一些，他很快就成了供莫莉亚丝仰视的风景。"

师：继续读。

生："没有任何防护，他们是岩壁上会呼吸的岩石。"

师：（激发思考）人就是人，此时此刻怎么变成岩石了呢？

生：他们是紧紧地贴在岩壁上的。

师："贴"字用得好，为什么用"贴"呢？

生：因为他们没有任何防护，必须紧贴岩壁才能保证安全。

师：这么好的比喻句，我们再来读一遍。

生："没有任何防护，他们是岩壁上会呼吸的岩石。"

师：你们记住了吗？

生：记住了。"没有任何防护，他们是岩壁上会呼吸的岩石。"

师：没有任何防护，他们需要贴得很紧，否则一失足成——

生：千古恨。

师：千古"鬼"。（笑）

师：孩子们，想一想，这句话跟放手有什么关系？

生：我觉得没有任何防护，他们很容易失足。

生：这样写是为了给下面的放手做铺垫。

师：做铺垫，埋伏笔。你比我知道的还多，真是好样的！

生："顶峰越来越近了，参观的人群情不自禁地雀跃欢呼起来。"

师：这里是写围观的人们，不直接写他们俩了，这跟他们攀岩有什么关系？

生：这样写更能衬托罗夫曼的失足对人们心理的打击。

师："打击"这个词用得有力度。

生："然而就在这时，位于莫莉亚丝右上方约5米处的罗夫曼突然一声惨叫，他失足了！"

师：把"然而"圈起来，这个词告诉我们，故事发生了转折。池水兴波。

生："正在攀岩的莫莉亚丝蓦然瞥见险象，毅然脱离了崖壁，伸出双手准确地搂接住了迅速下坠的罗夫曼。两个人紧紧依偎着，共同坠入万丈深谷。"

师："毅然"说明莫莉亚丝放手的时候？

生：想都没有想。

生：没有丝毫考虑。

生：没有任何犹豫。

生：不计后果。

生：她的动作非常果断。

师：言之成理。请带着你们的理解再读这句话。

生："正在攀岩的莫莉亚丝蓦然瞥见险象，毅然脱离了崖壁，伸出双手准确地搂接住了迅速下坠的罗夫曼。两个人紧紧依偎着，共同坠入万丈深谷。"

师：一个惊心动魄、扣人心弦、令人震撼的故事戛然而止。言已尽，意无穷。

生："这瞬间发生的惨剧惊呆了在场的每一个人。"

师：何止是在场的每一个人，也惊呆了每一个读者。

生："莫莉亚丝那个漂亮的搂接动作被摄像师定格成了旷世经典。"

师：定格成了旷世经典啊！摄影师的眼睛在瞬间就捕捉到了这么美

的镜头，美的画面，美的瞬间。

生："——亲爱的，别做傻事！我们似乎听见罗夫曼在说。"

师：连罗夫曼都不能理解她的这个举动，再读。

生：（齐读）"——亲爱的，别做傻事！我们似乎听见罗夫曼在说。"

生："——不要，不要推开我！这是莫莉亚丝的坚定的声音。"

师：这不仅是莫莉亚丝坚定的声音，这是她毅然放手，毅然放弃生命时的坚定的声音。

生：（齐读）"——不要，不要推开我！这是莫莉亚丝的坚定的声音。"

生："让我再陪你走一程。"

师：这一程他们夫妻两个将要走向？

生：谷底。

生：深渊。

生：地狱。

生：天堂。

师：走向黄泉，走向地狱，走向天堂……

生："让云擦着我们的眉睫，让风掠过我们的耳际。"

师：这是在走向死亡？这俨然是在跳伞："让云擦着我们的眉睫，让风掠过我们的耳际。"何等的浪漫！何等的洒脱！何等的诗意！何等的壮美！

生：（齐读）"让云擦着我们的眉睫，让风掠过我们的耳际。"

师：好极了！让我们再次体会这种面对死亡的美好情怀。

生："从巅峰到谷底，我们的后半生多么的匆遽啊！"

师：从巅峰到谷底，也许就是几十秒钟的时间，我们的后半生就走完了，这个词就是文章当中的？

生：匆遽。

师：没错，一起读这个词。

生：匆遽！

师：它的意思是？

生：非常快。

生：很快就过去了。

师：再把这句话读一读。

生："从巅峰到谷底，我们的后半生多么的匆遽啊！"

师：后半生过得那么匆匆，我们怎么能不留恋它呢？

生："如果一切还来得及，我真愿和你再重复一遍我们携手共度的好时光。我们厮守着，啜饮千般欢爱，沐浴万种柔情……"

师：（深情旁白）回想相爱来时路，有多少柔情，有几多甜蜜——想当初人约黄昏、月上柳梢、花前月下、耳鬓厮磨、海誓山盟、新婚燕尔、两情融融、缠缠绵绵……可是，那万般缱绻，瞬间将烟消云散……

（生泪眼蒙眬……）

生："可是现在，我们却在坠落，坠落。噢，让我们抱得更紧一些吧，因为，我们生命之花就要在洁净的谷底灿然绽放了。"

师：我们似乎看到了两朵殷红殷红的花，紧紧依偎着；我们似乎听到了两朵花在呢喃低语……

生：（突然插嘴）我想到了梁祝的化蝶。

师：非常好，你用中国古典的美来解释这两朵花。化成两只蝴蝶比两朵花更有动感，更有美感。

师：我们似乎听到花在低语——

生：（深情地）"亲爱的，我知道我根本无力救你，我只是想救起那个字：//——爱。"

三、品读"校长妻子的放手"

师：爱情太伟大了！校长董方保的妻子，从小树上放手了，消失在湍急的洪水中，她的死又是怎样的呢？请同学接着往下读。

生："1998年夏……"

（师把话筒伸到学生面前。）

生：（迅速反应）时间。

生："中国嘉鱼。"

（师又把话筒送到学生面前。）

生：地点。

生:"洪水铺天盖地袭来的时候，董方保和他的妻子在急流中同时抓住了一棵小树。"

生:人物、事件。

师:文章不厌其烦地告诉我们，开头要交代清楚——

生:时间、地点、人物、事件。

生:"他们都不会水，求生的本能使他们死死地抱住了那棵救命的小树。"

师:爱动脑筋的你，一定会发现"死死地抱住那棵小树"，相当于上一个故事中的?

生:紧紧地贴在岩壁上。

师:上下文对比着读，贯通着读，就能读出写作的规律。

生:"洪水迅猛地往上涨，他们拼死地往上爬。"

生:"终于，幼嫩的树干再也无力承受两个人的重量，一点点朝水面弯下来，弯下来。"

师:"终于"，这个词语相当于上一个故事中的?

生:"然而"。

生:"妻子平静地看了丈夫一眼，说：'还有那么多孩子等着你呢，多保重呵。'还没等董方保反应过来，他的妻子已从容地放开了紧握树干的双手，消失在了湍急的洪流中。"

师:从容地放手，就相当于上一个故事中的?

生:"毅然脱离了岩壁"。

师:从容地放手，你可以看出——

生:放手时的从从容容、平平淡淡。

生:平常的心态。

生:看出了妻子坦然的心理。

师:从"死死地抱住"，到"从容地放开"，可见?

生:妻子态度的坚决。

生:舍己为"夫"的毅然决然。

生:从从容容、平平淡淡才是真。

第二章 群文阅读教学创意 | 095

生:"董方保悲痛欲绝,但理智告诉他,他不可以随她而去——他是一所小学的校长,他的生命属于千百个天使般的孩子。"

师:妻子随着洪水漂走了,董方保为什么不像莫莉亚丝那样随着他的爱人而去呢?

生:因为他是一所小学的校长。

师:是校长就不应该为所爱的人去死吗?

生:他的生命属于千百个孩子。

生:他的生命不仅属于他自己,还属于很多人,很多个孩子。

生:如果他放弃了自己的生命,身后那些孩子就没人管了。

师:如果他放弃了自己的生命,就放弃了对于千百个天使般孩子的教育使命,是吗?

生:是!

师:董校长走了,还会有王校长、李校长。

生:当时洪水已经淹没了那所学校,他不能丢下那千百个孩子不管。

生:王校长、李校长必定不是董校长。

师:如果是一架天平,一边是千百个孩子,一边是他的妻子,他是怎样平衡的呢?

生:他是放弃了自己的妻子,为了那千百个天使般的孩子。

生:此时,天平偏向了孩子。

师:假如他随着他的妻子一起走了呢?

生:那所学校的孩子会很伤心。

生:我认为他不能随着妻子而去,他的生命属于身后那千百个孩子,妻子为了他而放弃了生命,选择了死亡,如果他要随妻子而去,不是白白浪费了妻子的一条生命吗?(热烈的掌声)

生:"——让我先走一步吧。这是一个爱着丈夫所爱的女人最后的心音。"

师:丈夫的所爱是什么?

生:是千百个天使般的孩子。

师:这个女人爱什么?

生：爱丈夫。

师：还爱谁？

生：爱那千百个天使般的孩子。

师：所以她为了丈夫，为了丈夫身后那千百个天使般的孩子而放弃了生命，选择了死亡。所以她——

生：从容放手。

师：难道她不留恋生命，不留恋亲人？

生："你可知道，我多么不愿也不忍这么早就对你说出这诀别的话语。"

生：她也不想死啊！

师：如果她死了，她的丈夫会——

生：难过。

师：她的女儿会——

生：伤心。

师：她的父母会——

生：白发人送黑发人。

生：悲痛欲绝。

师：所以她说——

生："我多么不愿也不忍这么早就对你说出这诀别的话语。"

师：下课了，我就要和你们诀别了，这句话对吗？

生：不对。

师：为什么？

生："诀别"是以后永远都不会再见，而我们和孙老师以后还会再见面的，长大后，我们会去看您。（掌声）

师：那孙老师这句话应该怎么改呢？

生：下课后，我们就要和孙老师再见了。

生：下课后，我们就要和孙老师离别了。

生：下课后，我们就要和孙老师分别了。

生：下课后，我们就要和孙老师告别了。

生：下课后，孙老师就和我们辞别了。

师：原来"诀别"——

生："诀别"和"离别、分别、告别、辞别"用法不一样。

师：（领读）"你可知道，我多么不愿也不忍这么早就对你说出这诀别的话语。"

生：（齐读）"你可知道，我多么不愿也不忍这么早就对你说出这诀别的话语。"

生："别了，生我养我的土地；别了，生死相依的爱人。"

师：向生养自己的土地告别、向生死相依的爱人告别，这是一个女人最后的心音。

生："别了，生我养我的土地；别了，生死相依的爱人。带着我的一颗心好好活下去呵。等到洪水退去的时候，请你一定要领着我们的女儿小董钰来寻这棵树，告诉她，妈妈曾经怎样紧握，更要告诉她，妈妈又是怎样微笑着放手。"

师：洪水退去了，董方保来了，带着他的女儿小董钰，带着他的一帮孩子来了。

小董钰看到那棵小树会——

生：伤心。

生：悲痛。

生：流泪。

生：会放声大哭。

生：扑过去，紧紧搂住小树……

生：如果我是小董钰的话，我会把这棵树养起来，让它长得更粗壮，再来洪水的时候，就不会再发生这样的悲剧。

生：小董钰可能会痛哭流涕，但她也会明白是妈妈的死换来了爸爸的生。

生：我觉得小董钰既伤心又自豪，伤心的是妈妈死掉了，自豪的是妈妈的死换回了爸爸的生命和千百个孩子受教育的机会。

师：如果你就是董方保领来的那群孩子中的一员，你会怎么说？

生：感谢您，阿姨，你用自己的生命换来了我们校长的生命，我会在心里永远感激您!

生:这棵树如果长得再粗壮些,阿姨就不会死了。

生:(声音发颤)阿姨,您现在在哪里?我们想您……(眼圈红了)

师:读了这两个令人荡气回肠的故事。我禁不住——(出示PPT)

我禁不住想对莫莉亚丝说……

我禁不住想对罗夫曼说……

我禁不住想对董方保说……

我禁不住想对董方保的妻子说……

我禁不住想对自己说……

生:我想对自己说,其实爱不用一直紧握在手里的,有时放手也是美的,也是对别人的爱。(掌声)

生:我想对自己说,就是因为这种爱,这种美好的品质,才成就了这样令人荡气回肠的故事。

生:我想对自己说,就是这两个为了爱而放弃自己生命的女人,创造了这样荡气回肠的爱。

生:我想对董方保的妻子说,您不光是您女儿的母亲,您还是那千百个孩子的母亲,有一句话说人的死有的重于泰山,有的轻于鸿毛,您的死对千百个孩子来说是最伟大的。(掌声)

生:我想对罗夫曼说,理解你的妻子吧!她的死不只是为了你,也是为了她自己。你既然爱她,就应该让她快乐。如果她没有随你坠入谷底而苟且活了下来,她不会快乐的。现在虽然和你一起粉身碎骨,但她的心里一定是幸福的!

生:我想对董方保的妻子说,你为了千百个孩子失去了生命,这千百个孩子是不会让你白白牺牲的。

生:我想对罗夫曼说,你妻子和你一起选择了死亡,坠落的时候你要紧紧地抱着她啊!

生:我想对自己说,爱自己的老师、父母、同学吧,爱自己的一切一切吧。树欲静而风不止,子欲养而亲不待。不要等到失去它的时候才

知道它的珍贵（哽咽）。（掌声）

生：我想对自己说，读了这两个故事我才知道为什么世间有这么多的爱，为什么上天会造出懂得爱的人来。

生：人家都说男子汉大丈夫，女子是大豆腐，读了这篇文章，我知道有时候女人比男人更加坚强，更加伟大！（掌声）

师：我代表所有的女人拥抱你一下。（掌声）

师：两个女人在放手中死去了，她们的死是相同的——都是主动放弃生命，选择了死亡。但是她们的死又是不同的，莫莉亚丝是为了——

生：为了丈夫，为了他们之间的爱。

师：董方保的妻子是为了——

生：不仅是为了她的丈夫，而且是为了丈夫身后那千百个孩子。

师：好！我们一起来读这一段话。

生：（齐读）就一个生命的过程来讲，死亡是一种活着的启示。因为这种启示，我们对死亡有所认识，有所思考，有所觉悟，即对死亡有了智慧，获得了美感。

师：我们从别人的死亡当中拥有了智慧，获得了美感，让我们记住这经典的瞬间。下面，我读第一行的文字，你们读后面的文字。（出示PPT）

师：这是两个女人对死的坦然面对——

生："两个人紧紧依偎着，共同坠入万丈深谷。""妻子平静地看了丈夫一眼，……从容地放开了紧握树干的双手，消失在了湍急的洪流中。"

师：这是两个女人对爱的深刻体验——

生：（深情地）"亲爱的，我知道我根本无力救你，我只是想救起那个字：//——爱。""还有那么多孩子等着你呢，多保重呵。"

师：这是两个女人对生活美的万般眷恋——

生："如果一切还来得及，我真愿和你再重复一遍我们携手共度的好时光。我们厮守着，啜饮千般欢爱，沐浴万种柔情……""我多么不愿也不忍这么早就对你说出这诀别的话语。别了，生我养我的土地；别了，生死相依的爱人。"

师：在这个世界上有三种非常重要的事情，一是对死亡的面对，二是对爱的深刻体验，三是对生活美的万般眷恋。

师：人与人之间最遥远的距离，不是生与死的距离，而是我站在你面前，你却不知道我多么地爱你。

生：人与人之间最遥远的距离，不是生与死的距离，而是我站在你面前，你却不知道我多么地爱你。

师：我们一起再来说一遍。

生：人与人之间最遥远的距离，不是生与死的距离，而是我站在你面前，你却不知道我多么地爱你。

（说着说着，孩子们情不自禁地留下了热泪……教师拿出纸巾轻轻拭去孩子腮边的泪水……）

师：孩子们，我们在一起一个多小时，共同度过了我们生命当中最美好的时间之一。就要下课了，也许我们有缘以后还能再见面，也许我们要经历很长的时间不能相见，离别时，我把刚才那句话送给你们，你们也有话要对我说吗？

生：孙老师，虽然我们马上就要离别了，我相信我们以后一定会再见面的。

生：孙老师，谢谢您送给我们的这句话，这句话会让我们受益终生。

生：也许以后真的不会再见面了，但这次的相见把我们的心连在了一起。

（教师再次拿出纸巾轻轻拭去前排几个孩子腮边的泪水……）

生：离别不是结束，而是我们想念的开始。

生：虽然这节课很短，却让我们学到很多知识，我代表全班同学谢谢您！

师：刚才是你喊起立的吗？现在请你再喊一次。

生：起立。

（生全体起立。）

师：请同学们给台下这么多静静听我们上课的老师说一声再见。

生：老师再见！（掌声）

师：孩子们，再见！

第三章
主题阅读教学创意

CHAPTER 3

第一节 创意主张

主题教学的格局要阔放

主题教学的格局要阔放，要能够围绕主题，古今中外文本兼容，视角多维对话阅读。

在主题教学《秦兵马俑》时，笔者从如下句段切入：

兵马俑规模宏大。已发掘的三个俑坑，总面积近20000平方米，差不多有五十个篮球场那么大，坑内有兵马俑近八千个。在三个俑坑中，一号坑最大，东西长230米，南北宽62米，总面积有14269平方米；坑里的兵马俑也最多，有6000多个。一号坑上面，现在已经盖起了一座拱形大厅。走进大厅，站在高处鸟瞰，坑里的兵马俑一行行、一列列，十分整齐，排成了一个巨大的长方形军阵，真像是秦始皇当年统率的一支南征北战、所向披靡的大军。

读文后，进行常规教学：先找中心句——"兵马俑规模宏大"；再抓关键词——"规模宏大"；然后画出表现"规模宏大"的文字——"总面积近20000平方米"，"一号坑最大，东西长230米，南北宽62米，总面积14269平方米；坑里的兵马俑也最多，有6000多个"；接着读出"规模宏大"；最后来个200字的迁移仿写——城市的广场"规模宏大……"这种以本为本的"经院式"对话，尽管看上去比较"实在"，但由于缺少围绕相关主题的教学创意，未免显得单薄老套、浅尝辄止，很难向更深处漫溯，更难阔放人的视野与格局。

故此，围绕"墓葬"文化主题，我创编了第二文本《巴顿墓碑》：

巴顿的墓碑立在欧洲腹地的海得尔堡的一个很大的广场上，广场上整齐地排列着6000个洁白的汉白玉墓碑。它意味着二战中牺牲在欧洲战场的6000名美军长眠于此。每一块墓碑上都极简洁地刻着一个军人的名字和他的生卒年月，巴顿的墓碑也是如此，他不因为自己是五星上将就制造什么特殊。生前与大家生死与共，死后与大家相伴相随。他始终生活在普通战士之中。如果说他所指挥的第三集团军是一片足以淹死一切强敌的浩瀚大海，那么，他情愿认定自己就是一朵最普通的浪花。

当时，有学生认为，帝王（秦始皇）与将相（巴顿）级别不对等，于是，我又创编了第三文本《戴高乐的墓葬》：

有不少人以为，法兰西第五共和国的首任总统———戴高乐的墓地应该建在巴黎等繁华的大城市。然而，这位功勋卓著的老人安息在远离巴黎的科隆贝小镇。

科隆贝小镇距巴黎有数百公里之遥，那里离最近的火车站还有十多公里远，没有直达的公共汽车。同巴黎著名的拉雪兹等大的公墓相比，科隆贝双教堂的墓地显得平凡朴素。在墓群里，人们往往需要经过一番搜寻，才能在角落处找到戴高乐将军的墓。

戴高乐墓高出地面不到半尺。墓由白灰色的石头砌成。石面上刻着：夏尔·戴高乐，1890—1970。这种砌墓用的石头，是最普通的，常用来镶马路边。来参观的人大多发出这样的感叹："这种简朴平凡的方式把一位伟人的品德表现得淋漓尽致！"

1970年11月9日，离80大寿不到两个星期时，戴高乐将军溘然长逝。早前，戴高乐将军就留下遗言："不必大操大办，只在科隆贝双教堂的墓地里举行一个朴素的私人仪式。"按照戴高乐将军的遗愿，他的葬礼办得简朴而又平静，既没有乐队演奏哀乐，也没有人在教堂的弥撒上致辞。将军的棺木由一辆军车运抵教堂，然后由他的几位老乡（一名肉店伙计、一名奶酪铺掌柜和一名农场工人）抬进墓地，安葬在爱女安妮的墓旁。据说，戴高乐将军的棺木当时仅花了72美元。

每座坟墓都埋藏着一个故事，没有故事的墓是空的。笔者创造性地让"三个墓葬"对话，形成了一篇发人深省的大教材，然后，请学生围绕"墓葬"文化，写一写自己的感受。学生各抒己见：

——同为修墓，秦始皇是怎么想的，巴顿和戴高乐又是怎么想的？

——如果说兵马俑展览的是等级，那么巴顿和戴高乐的墓碑展览的则是无等级。

——秦兵马俑，规模宏大，私欲膨胀；巴顿和戴高乐的墓碑，形式简陋，人格伟岸。

——可能会有不少人记住秦兵马俑，记住它昨天的故事和今天的"创收"；也可能会有更多的人像我一样记住巴顿，记住戴高乐，记住他们生前的才华经天纬地，业绩惊天动地，记住他们死后那平凡之极的墓碑留给后人的思考与警醒。

——巴顿与戴高乐无级别的墓碑折射的是大写的人格，这种人格无国别。如若秦始皇地下有知，他会作何感想？

——我们认同兵马俑的文化与艺术价值，但同时也要审视其负价值，因为眼睛向下总是在古墓坑里打转的时候，别人已经眼睛向上，建造了宇宙空间站，正准备登上火星。

……

有了比色卡，跳出单纯为应试而设计所谓扎扎实实的经院式训练的窠臼，重新审视墓葬的本质含义，与文本对话就有了一定的深度。

——兵马俑，是秦陵的一部分。

——如果说"兵马俑规模宏大"是一种美学，也只是一种暴力美学。

——不论是中国的皇帝陵，还是埃及的金字塔，无疑是暴力美学的代表作。

——这种暴力美学，只关心一个人或几个人的灵魂。它一方面是崇尚"不死"，让某个人把自己的权势和荣华由生前延续到死后，由地上带到地下；另一方面是光大"正统"，序列辉煌正统的，排斥贬黜旁出的。因此，中国帝陵都有"庙号"，埃及金字塔都有"称号"。"不死"关心的是自己的生命的延续，灵魂不朽；"正统"关心的是王朝生命的延续，一代，两代，乃至万代。

有了"比色卡"，从历史、哲学、美学、人性的文化与文明视角审视帝陵，审视墓葬，走出遮蔽，敞亮视界，超越知识，走向智慧，与文本对话便有了足够的深度。

美国作家安娜·昆德兰曾说："在书海中航行，我领略了异域风光，同时也走进了自己的内心世界，阅读帮助我发现我是谁，我有什么志向，以及我对自己和世界怀有怎样的梦想。"如果通过围绕"墓葬"文化，创编文本的"定点爆破"式主题阅读，我们的学生对阅读都能有这样的体会，那么作为语文教师，我们就是了不起的。

围绕"墓葬"文化，创意文本还在延续，我引领学生对话"第四文本"——2018年4月6日央视《焦点访谈》之《活人墓愁死人》。

清明时节到墓地祭奠逝者，是我们的传统习俗。既然是墓地，那就应该是已逝者的安息之处，但是，现在在一些地方，人还活得好好的，甚至还很年轻，就给自己修好了墓，这些墓地被称为活人墓。这样的活人墓在一些地区越修越多，占地越来越大，甚至修到了城市里，修到了风景区。这是怎么回事？

记者日前在湖北、湖南交界处拍到画面：在公路边、山坡上、农田里，坟墓随处可见。据当地人介绍，这样的现象在湘鄂赣地区非常盛行。

坟墓越来越多，规格越来越豪华，不仅如此，在这些本应该埋葬死人的墓地里，墓碑上写着"生茔"。

墓碑上写"生茔"，也就是说这是一个活人墓，人还没去世，墓已经修好了。

这样的活人墓在这个地区比例竟然相当高，而且一座比一座讲究。

采访时记者遇到一个活人墓墓主，她说："这里风水好，叫盘龙水，反正我死了以后要埋在这儿。"

记者在这个地区看到，一些风景秀丽的山区，整个山头都被一个家族买断，建成了专用墓地。

通城县石南镇的一座豪华活人墓，是当地一家企业负责人为自己建造的。这个墓地依山而建，走上山坡是一面写着"孝"字的石墙，路两边是绿化带，中间是一个大水池，沿着大理石修建的台阶往上，整个墓地一共九级，占据了整个山坡。

活人墓大行其道，而且坟墓盖得越来越好，为什么会产生这种现象呢？

湖北通城县民俗文史研究员李斌说，当地有一句民间俗语"三十岁不做板好大的胆"。意思就是，以前人的寿命比较短，活到六十岁是高龄，三十岁如果不做棺椁，你胆子就太大了。

在湖北省通城县的农村，一个普通农民，养大了子女，盖好了自己的坟墓，才算是完成了人生的大事。

这两年，活人墓不仅盖在了田间地头，山间林地，而且堂而皇之盖在了城区。通城县城区的锡山公园里，人们发现越来越多的活人墓建了起来。

湖北通城县民政局副局长张登攀介绍说，锡山公园里，一共有活人墓895座。通城县是个人多地少的地方，人均不到一亩地。据民政部门统计，这个县六十岁以上的居民有7.8万人，其中95%以上的人都建有活人墓。据民政部门统计，通城县全县范围内，大概有八万座活人墓。

人没死，都折腾到这份上，人死了以后还有很多事要折腾。

我国是有着十三亿人口的国家，本来就人多地少，耕地面积有限。如果无限制地大建乱建坟墓，不仅影响观瞻，也侵占耕地，肯定是行不通的。对于逝者，我们现在都提倡新的安葬方式，少占甚至不占墓地。如果活着的人还要圈地建墓，还越修越豪华，这就成了和活人、和死者、和后人争地，就有点儿出格了。我们要尊重传统习俗，但也要移风易俗，对那些背离时代进步的陋习，该改的要改，该摒弃的就应该摒弃。

然后，再次让学生用笔说话。

在"墓葬"文化主题阅读的流动生成中，我又开发了第五文本。

情怀森林

自从安德烈提醒我，"要有一个坟，不然，妈妈一走，我们跟台湾的关联就断掉了"——我就开始把这件事列入"闲时思考清单"。

一问之下，发现身边同辈的朋友，不少人已经买好了墓地。准备的是：火烧骨，灰入坛，坛入土，土上有碑，碑旁有树，树开杂花，花洒碑文。

那几个不忘的人，可以偶来树下小坐，瞥见蝴蝶飞来，闲问，"你觉得哪一只是她？"

台湾的公墓已经有树葬区，但地面上树小叶疏，仍不成林，且还是要烧成骨灰，骨灰置入可分解的"坛"。烧，本身是污染与资源耗损，我们的肉体，却是肥美的养分。

意大利有两个人发明了面粉做的、易分解的"绿卵"，"绿卵"如袋，连着树根，和树苗一体。选好树苗，让亲爱的人抱膝如婴、入袋，回到大地的子宫母卵，与树根融合，用身体滋养树干和花叶，仰向阳光。

思念的人，站在阳光里，轻抚一株风中摇曳的树……

读了第五文本，我们知道，不仅是巴顿、戴高乐，随着社会的进步，格局的阔放，即便是一个普通人也可以有文明经营自己的墓葬的意识，通过实际行动把自己葬成一首哲理诗。

让主题阅读锻造成生命教育的大课

随着时间推移，越往前走，越慢慢体悟——这个世界上最难取悦的，就是见过很多但要得很少的人。这种人，他的课，常怀一种姿态——抑制一些倏然而逝的表达，只给更为本真、坚固的东西留出位置。

这样的课，就像自己切割自己的钻石。

是不是钻石，能告诉你的是时间，尽管我依然怀疑是否存在时间这个东西。当然，时间不是东西。时间是河流，流动着。时钟制造了一种幻觉，使你在岸上看着这条河流。但现实中，你在河流之中，一直被冲往下游。而这些时钟一直在岸上。

于是，在生命的河流中，我们容易遗失生命。

这些年，我一直在开发生命的课程中拾遗生命。围绕生命教育主题，从童年的《情窦初开》，到青年的《凄美的放手》，到老年的《最浪漫的事》，再到生命终极的《目送》。一次次地创意教学，我让孩子们于兴趣盎然中勇敢地从惯常由文本提供的叙事学想象和符号学分析中抽离出来。不再把与文本对话当作解码的任务，而是将其视为经验主体投入身心的行动，个体去体验其存在方式、姿态、韵律的美好机会。当文本生命唤醒学生生命，阅读不再是加载而是卸载；让文本汇聚灵魂，而不是加重知性的负担或已有判断的筹码。于是，每次创意教学都可以谛听到孩子生命拔节的声音。

从时序向度看，依次教学《情窦初开》《凄美的放手》《最浪漫的事》《目送》，每一节公开课，都是一个独立的生命课程，但从生命感悟程度上看，这四大生命课程的一次次叠加，又统合成一个完整的生命大课程。

这样的主题阅读是语言给予的私人事件，也是展露精神行为能力永无停歇的机遇：它同时呈现为个体的行动化和行动中的个体化。每一次阅读，主体实际上都在尝试实施全然不同的异己的符号自我实践，在高度差异中重塑其趋于固化的身份构成，吸纳融合未知的可能性。文学细节将意识的迷醉具象化，姿态的夸张就成为一种强烈的必需。姿态的增加并未异化个体，而是发展、宽阔了他。文学教会我们，任何区别都是有所助益的，最细微的改变中都蕴涵着一种力量，一种值得保护和激活的主体化能量。在被幻影所推动的文字形式背后，欠缺了自我想象的责任和更需要强化的与文学感觉相关的学习。精致的细节阅读是让不可征服的句子成为个人宝贵财富的方式。精致的迷醉更是一种实践性的抵抗，在静悄悄的阅读活动中，抵制当代文化中多样性的丢失和经验的弱化、僵化。

我经营这一主题阅读的人生大课，既非源头，也不是目的，而是一种试图抵达生命的过程和路径。那些创课的完成与未完成，乃至观看者的完成与未完成，那些被审视、被省察到的，其实就是我们自己。

行走在"进托邦"教学的路上
——《最浪漫的事》教学例谈

"乌托邦"教学，意味着一种幻生在理想国中完美无缺的教学。"乌托邦"教学中没有任何问题可烦恼，但"乌托邦"教学也因此没有机遇存在。

"反乌托邦"教学，意味着一种"阴云密布、糟糕透顶"的教学。在"反乌托邦"教学中"问题与灾难"并重，但"反乌托邦"教学是不可持续的。问题越丛生，灾难越剧烈，"反乌托邦"教学就会消失得越迅速。

"反乌托邦"教学和"乌托邦"教学都不是教学的归宿，教学的归宿是"进托邦"。更准确地说，我们已经开始走在"进托邦"教学的路上。

"进托邦"教学不是目的，而是一种变化状态，是一种进程。从这个意义上看，"进托邦"教学就是一种更广义的围绕教学进步而展开的"主题教学"。

在"进托邦"教学生态里，任何教师都有可能做到：今天上的课会比昨天的好，明天的课会比今天上得更好。虽然变好的程度有时可能只是那么一点点，但是，每课进步一点点，每人改进一点点。这种渐进式的教学改进，这种温柔的教学进步，就会形成一个变化运动的域，不远的将来，我们会越来越向好而教，教而向好。这正是"进托邦"教学追求的鹄的。

2015年12月，由江苏省语文课程与教学理论研究中心主办的小学语文著名特级教师课堂教学观摩活动，在盐城市阜宁实验小学教育集团举行，笔者应邀公开教学《最浪漫的事》，行走在"进托邦"教学的路上。

这节追求进步的"进托邦"主题教学都有哪些变化进程？

一、"从1到N"变为"从0到1"

"从1到N"是横坐标上的平移，是增量，是克隆。

"从1到N"的公开教学不避讳"注水与被注水""彩排与被彩排""克隆与自我克隆"……

"从0到1"，是Y轴上的垂升，是质变，是创造。

"从0到1"的公开教学追求教学首创，追求上原生态的课。

《最浪漫的事》摒弃的是"从1到N"的教学，践行的是"自创理念+自创教材+自创设计+自创教学+自创反思+自创发表"的"从0到1"的教学。当然，这种"从0到1"的教学，就笔者个人而言也不是一蹴而就的"硬"进程，而是每天变化一点点，每课进步一点点，多年"任性"操守并一以贯之的"软"进程。

二、教学创造的所有东西都处在"形成"的过程中

应该笃信："自创理念+自创教材+自创设计+自创教学+自创反思+自创发表"的公开教学《最浪漫的事》所创造的所有东西无一不处在"形成"的过程中。这不仅是教学《最浪漫的事》一课的潜在理念，而且是行走在"进托邦"教学的路上，笔者矢志不移的执信。

譬如，课始，我和学生一起做了两个小游戏。

第一个小游戏"纱巾蒙眼"：用一层纱遮住学生的眼睛，学生说视物朦胧；厚叠纱再遮学生的眼睛，学生说眼前漆黑。层层去纱，逐渐去蔽，学生的视线由朦朦胧胧又复归清清楚楚……

其实，我们不仅有一双肉眼，还有一双心眼。无论是肉眼还是心眼，无论你是谁，无论你多大，人人眼前都有一个蒙，人人都需要被开蒙。但是，未必人人能开蒙，已开蒙者未必不会重蒙。

问题是：我们是做学生的开蒙者，还是做学生的重蒙者？我们自身

是被重蒙,还是被开蒙?

有人问:从重蒙到开蒙有多远?

一念之间。

从重蒙到开蒙有多难?

举手之劳。

以开蒙的手法,创造性回答了开蒙。这一游戏的潜台词开示,创意教学已经处在"形成"的过程中了。

第二个小游戏"直呼师名":先请学生齐喊"孙建锋",之后说感受,学生说我们之间很"平等";再请他们喊"建锋",他们说感到很"亲切";然后请他们呼"锋",他们笑曰我们是"朋友"。名越喊越少,情越缔越近,心越贴越紧。

那一刻,教学游戏创造的"平等""亲切""朋友"之师生关系,已经从一个静态的名词世界前往一个流动的动词世界。

三、由传统的平面阅读变为多媒体的屏读

今天,超过50亿张的数字屏幕在我们的生活中闪烁。数字显示器制造商还会每年生产出来38亿个新屏幕。很多文字已经转移到了电脑、手机、平板的像素中。文字不再是白纸黑字地固定在纸上,而是在玻璃平面上以彩虹样的色彩,眨眼间飞速而来……我们不争地成为了"屏幕之民"。

我们的学生是"屏幕之民"的原住民,他们更喜欢像素间动态流动的屏读。

屏读,除了阅读文字,还包括观赏文字、阅读图像。这种新行为拥有新的特征。这种新的平台非常视觉化,而且会逐渐把文字和变化的图像融合在一起。文字在屏幕上无处不在,它们会浮现在图像之上,也会充当注释和注脚,还可链接到其他的文字或者图像,有可能就在学生的电子书包里。

在《最浪漫的事》的教学中,为了把"薄文读厚",笔者抓住关键点,引领学生多维"屏读"。

【屏读一：读妻千遍不厌倦之"浪漫"】

师：文本中85岁的弗兰克，七年如一日——

生：到养老院里看望、照顾、陪伴身患老年痴呆、完全失去记忆的80岁的妻子凯瑟琳。

师：7年，2500多天！

生：弗兰克每天看望妻子，读她千遍不厌倦。在他眼里，妻子的动静举止都是画，喜怒哀乐全是戏。

师：7年，2500多天！

生：弗兰克悉心照顾她，用心陪伴她，从未离开她。

师：7年，2500多天！

生：弗兰克把自己留在她的日子里，他把每个日子都过成了风景。

师：这难道不是一种浪漫？

生：这就是一种浪漫。

【屏读二："人生若只如初见"之"浪漫"】

生：今天是他们的结婚纪念日。弗兰克身穿西装来到了凯瑟琳的身边，为她打开了一个盒子，盒子里是一个像怀表一样的银色项链。打开圆盘里面不是怀表，左右两边各是弗兰克与凯瑟琳年轻时的照片。底盘很小的地方还刻着"我的妻子凯瑟琳"的字样。……并细心地为凯瑟琳戴上。

师：在今天看来，金色项链、钻石项链也不稀罕，送个银色的项链……怎么能看出弗兰克的浪漫呢？

生：85岁的弗兰克、80岁的凯瑟琳，还在过结婚纪念日，特别是弗兰克，还保存着凯瑟琳年轻时的照片，依然能够——"人生若只如初见"。

师：弗兰克轻轻为凯瑟琳戴上项链……温暖的瞬间，肉体、精神和灵魂融为一体，生命在刹那间灿烂绽放！

生：这就是浪漫。

【屏读三：爱妻并一无所求之"浪漫"】

生：弗兰克临走的时候，我忍不住指一指弗兰克问凯瑟琳："今天陪伴你的这个人是谁？"凯瑟琳摇摇头说："我不知道，我没有见过他。"……不过弗兰克却始终微笑不语。他笑着摸了摸凯瑟琳的头，以一个吻作为了今天的离别。

师："我不知道，我没有见过他。"凯瑟琳不认识弗兰克，这是万般无奈，这是无限酸楚，这是彻骨寒心。这怎么能是浪漫？

生：醉过知酒浓，爱过知情重。

师：一张玫瑰色的嘴，一个诗意的吻。吻别的是超乎语言、超乎想象的时刻；吻别的是沉默而沉醉的最爱。

生："我爱你，但对你一无所求。"

师：这难道不是一种浪漫？

生：这就是一种浪漫。

【屏读四：浪漫之"保障"】

师：让我们走出只"叮"课本的舒适区，跨界屏读，去采不同的花蜜。

澳大利亚的养老金制度

澳大利亚有着完善的福利保障制度，其养老金主要由三部分组成，一是雇主必须为员工交纳的退休金，二是个人自愿交纳的养老金，三是政府为退休人员发放的养老金。

如果弗兰克、凯瑟琳，吃不上，喝不上，自然就浪漫不起来。

A说，他们的浪漫之爱，根本在于养老金的保障制度。

B说，他们的浪漫之爱，根本在于国家的法律规定，因为养老金的保障制度离不开法律的维护。

你怎么看？

生：吃不上，喝不上并不重要，重要的是夫妻的恩爱。

师：柏拉图之爱，纯粹精神之爱。

生：吃不上、喝不上，人怎么活下去？要先吃好、喝好，才能更好地爱。所以，A和B谈到的两点是爱的基础。

师：原来，"最浪漫的事"是"老有所养"！"老有所养"的保障——
生：一靠政府的福利制度，二靠国家的法律维护。

【屏读五：浪漫之"嘱咐"】

师："今天是他们的结婚纪念日。"请看视频——弗兰克不会忘记在60年前的婚礼上，岳父的"风趣幽默"。

（学生欣赏50秒短视频——弗兰克与凯瑟琳的婚礼上，岳父诙谐地嘱咐弗兰克："我和上天费了这么大功夫才把她预备好，你别搞砸了。"学生听了捧腹大笑！）

【屏读六：浪漫之"婚誓"】

师：（扮演大主教）你是否愿意以她为妻，与她在神圣的婚约中共同生活，无论是疾病或健康、贫穷或富裕，你也愿意爱她、安慰她、尊敬她、保护她，并愿意在有生之年对她忠心不变？

生：（扮演弗兰克）我愿意！

师：（扮演大主教）你是否愿意以他为夫，与他在神圣的婚约中共同生活，无论是疾病或健康、贫穷或富裕，你也愿意爱他、安慰他、尊敬他、保护他，并愿意在有生之年对他忠心不变？

生：（扮演凯瑟琳）我愿意！
……

师：执子之手，与子偕老。原来，"最浪漫的事"是——
生："白首偕老"。
师："白首偕老"的支撑——
生：一靠信仰，二靠信守。
……

"模拟"婚誓，旨在发掘浪漫的背后藏着什么。

经济学中有一条颠扑不灭的定理：一旦某样事物变得免费，变得无所不在，那么它的经济地位就会突然反转。在工业时代，复制品比手工制成的原型品更有价值。现在，价值的轴心发生了翻转。在这个充满免费数字复制品的超饱和数字时空中，复制品无处不在，太过廉价，以至于只有无法复制的事情才变得真正有价值。比如弗兰克与凯瑟琳"执子之手，与子偕老"的"信守"，是无法大规模生产的，也是无法购买的。我们不可能在网上把这种恩爱与信守下载下来，然后储存在数据库里。信守，是弗兰克与凯瑟琳风风雨雨几十年积攒出来的。它不会被伪造，也无法伪造。不论是夫妻之间，还是人与人之间，信守都将是一种无形自唱，它在复制品泛滥的世界中具有越来越高的价值。

……

行走在"进托邦"教学的路上，与其说《最浪漫的事》的教学正运行在变化进程的轨道上，不如说它正在这一轨道上"升级"。

"升级"是教学的一种卫生措施；只有不断教学升级，才能让你的教学保持健康。

无论你教学时间有多长，无尽的教学升级都会把你变成一只"教学菜鸟"——也就是说，你会变成笨手笨脚的新用户。在这个"形成"的时代里所有人都会成为"教学菜鸟"。

永远是"教学菜鸟"是所有教学人的新设定，也是一种教学新常态。这与你的年龄，与你的经验，与你的职称，与你的称号，都没有关系。

纵观历史，从来没有哪一天会比今天更适合行走在"进托邦"教学的路上。从来没有哪个时代会比当前、当下、此时此刻更有机遇，更加开放，有更低的壁垒、更多的回报和更积极的环境。

"进托邦"教学确实是一片广袤的处女地，上了《最浪漫的事》，笔者更加感同身受。

我们都正在"形成"。这在教学的历史上，是绝无仅有的最佳时机。

行走在"进托邦"教学的路上，始于足下。

你没迟到。

第二节
创意做法

对话中人人都成为"创造的赢家"
——《桥》主题阅读创意设计

语文,即语言文字。语言的原形动词为"言说"。"言说"不是"我"向自己描述被提及的事物,它是面向听者"你"的。因而,"在语言中理解"表现为"你"和"我"的对话结构。"我"理解的根本不是"你",而是向"我"所述说的东西,是"你"的语言。

当然,"你"绝不是一个简单的人称代词,它实际上涵盖着文献、艺术品、历史、文化传统乃至整个世界等等一切与理解者发生关系的对象。这个对象,具体到阅读教学中,就是文本。阅读教学过程是教师、学生和文本之间的对话过程。所谓"对话过程",应当是让各种不同的意义在全体参与者之间自由流动。

"对话过程"不是教师带领学生向着教案或教参所设定的"标准答案"的运动,也不是学生作为纯粹的旁观者去认识特定的"文本",而是让大家认识到每个人心里想的都是什么,但并不对人们的想法下任何结论或者判断。

对话的反极——独白。独白是独自言说。独白是以人格依附、刚性管理、思想灌输、单向度传播等为主要特征的话语方式,它具有内容确定性、方式单向度、结论唯一性、受众明确化、价值权威性等特征。独白教学,意味着独白者以权威和师道尊严自居,将学生看成被教化、被规训的对象，并采用意识高压、手段封闭、思想灌输、反复说教等方式进行教育灌输；学生往往是无言的他者、被规训的对象，只能被动地接受思想观念、文化知识、社会信息等。

对话教学，意味着教师不再是自言自语、自话自说的主体，而学生也不再是无言的、被教化的他者，教师和学生之间变成了双向互动的交流者，教学成了平等、开放、宽松、包容的话语场景。对话成了流淌于人们之间的意义之溪，它能推动群体形成新的理解和共识，在对话中"人人都是胜者"。

"人人都是胜利者"，为什么？

对话的过程中，对话双方都向着对方开放着自己。

他人向我展示的是他自己的体验，表明了他人的意见是一个无可否认的合法存在，它已经存在着；我从中领悟了它，说明我们在对话的主题上已取得了一致，我对它做出自己的判断，或赞同，或反对，这种判断表达了我对所言及的事物的理解。

这种理解虽然是我自己的，却是通过他人才成为清晰可见的，这就是说，我是通过他人才认识了自己，理解了自己，因此，对他人的理解同时就是自我理解。

阅读教学中，一切理解归根结底都是对文本的理解，所理解的是文本向我们敞开的意义；但理解又不是纯粹的再现文本的意义，它通过问题的重建融入了新的意义，也就是在新的视界中所理解的意义，就此而言，理解过程就是意义的创造过程。人人都成为"创造的赢家"。从这个意义上讲，"人人都是胜利者"。

不同的文本有着不同的对话方式。《桥》一课，根据它的行文特点，可以通过品"词"与文本对话。

一、披文入境、品词析句

"雨突然大了。像泼。像倒。"

"山洪咆哮着，像一群受惊的野马，从山谷里狂奔而来，势不可当。"

"近一米高的洪水已经在路面上跳舞了。"

"死亡在洪水的狞笑声中逼近。"

人们怎么样了呢？

人们——惊慌、你拥我挤、疯了似的、跌跌撞撞、拥去。（整体无序）

老汉——不说话、盯着、像一座山、沙哑地喊、冷冷地说。（疏导无序）

人们——排成队、依次。（整体有序）

小伙子——队伍里。（个别无序）

老汉——冲上前、揪出、吼道、凶得像只豹子。（处置无序）

小伙子——瞪、站到了后面。（个体有序）

（说明：指挥得力，维持秩序。）

小伙子——推、说"你先走"。

老汉——吼道"少废话，快走"、用力、推上、似乎要喊。

（说明：先人后己、舍生取义。）

在洪水就要吞噬生命的危难关头，拯救生命的唯一通道——桥一片拥挤、混乱的状况下，是谁让混乱无序，变成井然有序？老汉。是谁让小伙子先走？老汉。

让群体从混乱无序，过渡到井然有序的老汉，先人后己的老汉，难道不是一座桥？

他是一座什么样的桥呢？

他是——

一座飞架生死的桥；

一座勇于担当的桥；

一座冲锋陷阵的桥；

一座先人后己的桥；

一座舍生忘死的桥；

一座精神铿锵的桥；

一座骨上开花的桥；

一座屹立不倒的桥；

一座刹那永恒的桥；

一座德昭后世的桥；

……

"对词的了解就是对文化的了解。……每当我们掌握一个新的词义，实质上表明我们已经进入了新的文化视野。"迦达默尔说得既富哲理又富诗意，"词无疑地表现为一种包容一切的精神王国。在这个王国中人能够完全返回到自身。"

如果说村里的那座桥是物质的桥，洪水中的老汉则是精神的桥。物质的桥活在水里，精神的桥活在（　　）里。物质的桥或许会被洪水冲垮，精神的桥永远屹立在人们的心中！

在危难中，老汉被时光雕刻成了一尊"桥"的雕塑，它有人的温度、人的精神、人的光辉、人的思念，它刻骨铭心、刹那永恒、照山照水。

二、举一反三，"文本"与"文本"对话

仅仅阅读教材文本这个"1"，只知其一，往往易于窄化视域，难以阔放眼界。怎么办？不妨"主题阅读"，从课内教材文本的"1"，向课外文本的"N"蔓延。换句话说，就是"1"与"N"对话——"文本"与"文本"对话。

为什么要"文本"（教材文本）与"文本"（同主题文本）对话呢？在世界经验中进行着不同的语言之间的相互对话，每完成一次对话，就获得了新的经验，也就进入到新的语言世界，扩展了世界观。

那么，怎样遴选同主题文本（"N"）呢？

同主题课外文本的萃取策略，见仁见智、因人而异。囿于篇幅，列举一个易于操作的选文"策略"：选择相辅相成的同主题文本。

【例一】

生命桥

有一个狩猎队，把一群羚羊赶到了悬崖边，准备全部活捉。几分钟以后，羚羊群分成了两群：老羚羊为一群，年轻羚羊为一群。一只老羚羊走出羊群，朝年轻羚羊群叫了一声，一只年轻羚羊应声跟老羚羊走到

了悬崖边。年轻羚羊后退了几步，突然奔跑着向悬崖对面跳过去，随即老羚羊紧跟后面也飞跃出去，只是老羚羊跃起的高度要低一些。

当年轻羚羊在空中向下坠时，奇迹出现了：老羚羊的身子刚好出现在年轻羚羊的蹄下，而年轻羚羊在老羚羊的背上猛蹬一下，下坠的身体又突然升高并轻巧地落在了对面的悬崖边，而老羚羊就像一只断翅的鸟，笔直地坠落山涧。

试跳成功！紧接着，一对对羚羊凌空腾起，没有拥挤，没有争夺，秩序井然，快速飞跃。顿时，山涧上空划出了一道道令人眼花缭乱的弧线，那弧线是一座以老羚羊的死亡作桥墩的生命桥。那情景是何等地神圣。猎人们个个惊得目瞪口呆，不由自主地放下了猎枪。

与文本对话时，重点抓住老羚羊的"行为"，落脚点在老羚羊的"动作"上：

一只老羚羊走出羊群，朝年轻羚羊群叫了一声，一只年轻羚羊应声跟老羚羊走到了悬崖边。

随即老羚羊紧跟后面也飞跃出去，只是老羚羊跃起的高度要低一些。

老羚羊的身子刚好出现在年轻羚羊的蹄下……老羚羊就像一只断翅的鸟，笔直地坠落山涧。

在这千钧一发之际，在这生命垂危的关头，老羚羊动作干净利落、一气呵成、准确无误、高度默契。

你从"老汉""老羚羊"身上有什么发现？产生了什么问题？

找出《生命桥》一文中，与《桥》一文中"一百多人很快排成队，依次从老汉身边奔上木桥"在笔法上相似的句子——"一对对羚羊凌空腾起，没有拥挤，没有争夺，秩序井然，快速飞跃"。

与这两句话对话，你觉得在遭遇灭顶之灾的危难关头，大家都有逃生的强烈欲望，群体生命要赢得最大限度的自救，这时最需要的是什么？

【例二】

船　长

　　1870年3月17日夜晚，哈尔威船长像平常一样，把"诺曼底"号轮船从南安普敦开往格恩西岛。

　　薄雾笼罩着大海。突然，沉沉夜雾中冒出一个阴森森的往前翘起的船头。那是正在全速前进的"玛丽"号巨轮，它直向"诺曼底"号的侧舷撞过来。只听一声巨响，"诺曼底"号的船身一下被剖开了一个大口子。船发生了可怕的震荡。顷刻间，所有的人都奔到甲板上，男人、女人、孩子，半裸着身子，奔跑着，呼喊着，哭泣着，海水猛烈地涌进船舱。

　　哈尔威船长站在指挥台上，大声吼道："大家安静，注意听命令！把救生艇放下去。妇女先走，其他乘客跟上，船员断后。必须把60人全都救出去！"

　　实际上船上一共有61人，但是他把自己给忘了。

　　船员赶紧解开救生艇的绳索。大家一窝蜂拥了上去，险些儿把小艇弄翻了。奥克勒大副和三名二副拼命维持秩序，但整个人群简直像疯了似的，乱得不可开交。

　　就在这时，船长威严的声音压倒了一切呼号和嘈杂，黑暗中人们听到一段简短有力的对话：

　　"洛克机械师在哪儿？"

　　"船长叫我吗？"

　　"炉子怎么样了？"

　　"被海水淹了。"

　　"火呢？"

　　"灭了。"

　　"机器怎样？"

　　"停了。"

　　船长喊了一声："奥克勒大副！"

　　大副回答："到！"

船长问道："还能坚持多少分钟？"

"20分钟。"

"够了。"船长说，"让每个人都到小艇上去。奥克勒大副，你的手枪在吗？"

"在，船长。"

"哪个男人敢走在女人前面，你就开枪打死他！"

大家沉默了，没有一个人违抗他的意志，人们感到有个伟大的灵魂出现在他们的上空。

"玛丽"号也放下救生艇，赶来搭救由于它肇祸而遇险的人员。

救援工作进行得井然有序，几乎没有发生什么争执或斗殴。

哈尔威巍然屹立在他的船长岗位上，沉着镇定地指挥着，控制着，领导着。他把每件事和每个人都考虑到了，他仿佛不是在给人而是给灾难下达命令，一切似乎都在听从他的调遣。

"快救克莱芒！"船长喊道。

克莱芒是见习水手，还不过是个孩子。

轮船在慢慢下沉。人们尽力加快速度划着小艇在"诺曼底"号和"玛丽"号之间来回穿梭。"动作再快点！"船长又叫道。第20分钟到了，轮船沉没了。船头先沉下去，很快船尾也浸没了。

船长哈尔威屹立在舰桥上，一个手势也没有做，一句话也没有说，随着轮船一起沉入了深渊。人们透过阴森可怖的薄雾，凝视着这尊黑色的雕像徐徐沉入大海。

哈尔威船长一生都要求自己忠于职守，履行做人之道。面对死亡，他又一次运用了成为一名英雄的权利。

阅读以上文本，我们纵向观照——

老汉沙哑地喊话："桥窄！排成一队，不要挤！党员排在后边！"

几分钟以后，羚羊群分成了两群：老羚羊为一群，年轻羚羊为一群。

"大家安静，注意听命令！把救生艇放下去。妇女先走，其他乘客跟上，船员断后。必须把60人全都救出去！"

你读出什么相同和不同？

再来看泰坦尼克在下沉时，世界首富向逃生的妻子喊的四个字……

【例三】

泰坦尼克号在下沉

在1912年4月14日那个恐怖的夜晚，泰坦尼克号上共有705人得救，1502人罹难。38岁的查尔斯·莱特勒是泰坦尼克号的二副，他是最后一个从冰冷的海水中被拖上救生船、职位最高的生还者。他写下17页回忆录，详述了沉船灾难的细节。

他在回忆录中写道：面对沉船灾难，船长命令先让妇女和儿童上救生艇，许多乘客显得十分平静，一些人则拒绝与亲人分离。

在第一艘救生艇下水后，我对甲板上一名姓斯特劳的女人说：你能随我一起到那只救生艇上去吗？没想到她摇了摇头：不，我想还是待在船上好。

她的丈夫问：你为什么不愿意上救生艇呢？这名女人竟笑着回答：不，我还是陪着你。此后，我再也没有见到过这对夫妇……

我高喊：女人和孩子们过来！却没有几名妇女愿与亲人分离，我根本找不到几个愿意撇下亲人而独自踏上救生艇的女人或孩子！莱特勒回忆道：只要我还活着，那一夜我永远无法忘记！

当船尾开始沉入水下，我听到在那最后一刻，在生死离别的最后一刻，人们彼此呼喊的是：我爱你！我爱你！它，在向我们每一个人诠释着爱的伟大！最最重要的是：我要让你知道，我有多么地爱你！

阿斯特四世（当时的世界首富）把怀着五个月身孕的妻子玛德琳送上4号救生艇后，站在甲板上，带着他的狗，点燃一根雪茄烟，对划向远处的小艇最后呼喊：我爱你们！一副默多克曾命令阿斯特上船，被阿斯特愤怒地拒绝：我喜欢最初的说法（保护弱者）！然后，把唯一的位置让给三等舱的一个爱尔兰妇女。几天后，在北大西洋黎明的晨光中，打捞船员发现了他，头颅被烟囱打碎……阿斯特的资产可以建造十几艘泰坦尼克号，然而他拒绝了可以逃命的所有正当理由。为保卫自己的人格而战，这是伟大男人的唯一选择。

著名银行大亨古根海姆，穿上最华丽的晚礼服：我要死得体面，像一个绅士。他给太太留下的纸条上写着：这条船不会有任何一个女性因我抢占了救生艇的位置，而剩在甲板上。我不会死得像一个畜生，我会像一个真正的男子汉。

死难者还有亿万富翁阿斯德、资深报人斯特德、炮兵少校巴特、著名工程师罗布尔等，他们都把救生艇的位置让出来，给那些身无分文的农家妇女。

斯特劳斯是世界第二巨富，美国梅西百货公司创始人。他无论用什么办法，他的太太罗莎莉始终拒绝上8号救生艇，她说：多少年来，你去哪我去哪，我会陪你去你要去的任何地方。8号艇救生员对67岁的斯特劳斯先生提议：我保证不会有人反对像您这样的老先生上小艇。斯特劳斯坚定地回答：我绝不会在别的男人之前上救生艇。斯特劳斯挽着63岁的罗莎莉的手臂，一对老夫妇蹒跚地走到甲板的藤椅上坐下，等待着最后的时刻。

纽约市布朗区矗立着为斯特劳斯夫妇修建的纪念碑，上面刻着这样的文字：再多再多的海水都不能淹没的爱。六千多人出席了当年在曼哈顿卡耐基音乐厅举行的纪念斯特劳斯晚会。

一名叫那瓦特列的法国商人把两个孩子送上了救生艇，委托几名妇女代为照顾，自己却拒绝上船。两个儿子得救后，世界各地的报纸纷纷登载两个孩子的照片，直到他们的母亲从照片上认出了他们，孩子却永远失去了父亲。

新婚燕尔的丽德帕丝同丈夫去美国度蜜月，她死死抱住丈夫不愿独自逃生，丈夫在万般无奈中一拳将她打昏，丽德帕丝醒来时，她已在一条海上救生艇上了。此后，她终生未再嫁，以此怀念亡夫。

在瑞士洛桑的幸存者聚会上，史密斯夫人深情怀念一名无名母亲：当时我的两个孩子被抱上了救生艇，由于超载我坐不上去了，一位已坐上救生艇的女士起身离座，把我一把推上了救生艇，对我喊了一声：上去吧，孩子不能没有母亲！这位伟大的女性没有留下名字。后来为她竖了一个无名母亲纪念碑。

泰坦尼克号上的50多名高级职员，除指挥救生的二副莱特勒幸存，全部战死在自己的岗位上。凌晨两点一号电报员约翰·菲利普接到船长弃船命令，各自逃生，但他仍坐在发报机房，保持着不停拍发"SOS"的姿势，直至最后一刻。

也有不多的例外：细野正文是日本铁道院副参事，男扮女装，爬上了满载妇女和儿童的10号救生船逃生。他回到日本后被立即解职，并受到所有日本报纸指名道姓的公开指责，他在忏悔与耻辱里过了10年后死去……

在1912年泰坦尼克号纪念集会上，白星轮船公司对媒体表示：没有所谓的海上规则要求男人们做出那么大的牺牲，他们那么做只能说是一种强者对弱者的关照，这是他们的个人选择。

《永不沉没》的作者丹尼·阿兰巴特勒感叹：这是因为他们生下来就被教育，责任比其他更重要！

我们每个人都是一个思维者，读了以上文本，每一个人都将自问：看到了什么？发现了哪些美的东西？发现了哪些恶的东西？"不朽的生命是不可忘却的，这是我们识别这样的生命的标志。这样的生命没有纪念碑，没有怀念，或许甚至没有证明，却仍然是不可忘却的。它不可能被忘却。"（本雅明语）。还记得2010年4月27日，美国前总统奥巴马悼念死亡矿工时讲的话：

我们在这里，怀念29位美国人：

卡尔·阿克德、杰森·阿金斯、克里斯多佛·贝尔、格利高里·史蒂夫·布洛克、肯尼斯·艾伦·查普曼、罗伯特·克拉克、查尔斯·蒂莫西·戴维斯、克里·戴维斯、迈克尔·李·埃尔斯维克、威廉·I·格里菲斯、史蒂芬·哈拉、爱德华·迪恩·琼斯、理查德·K·雷恩、威廉姆·罗斯威尔特·林奇、尼古拉斯·达利尔·麦考斯基、乔·马克姆、罗纳德·李·梅尔、詹姆斯·E·姆尼、亚当·基斯·摩根、雷克斯·L·姆林斯、乔什·S·纳皮尔、霍华德·D·佩恩、迪拉德·厄尔·波辛格、乔尔·R·普莱斯、迪华德·斯科特、加里·考拉斯、格罗佛·戴尔·斯金斯、本尼·威灵汉姆以及里奇·沃克曼。

无论我、副总统、州长，或是今天致悼词的任何一个人，都不能说出任何话语，可以填补你们因痛失亲人心中的创伤。如果有任何可以找得到的安慰，也许只能从上天那里寻找得到，上天安慰我们痛苦的头脑，修复破碎的心，减轻我们哀痛的内心。……

如果有一天，我们也能素朴地，就算仅是一个一个，读出那些矿工的名字，也是好的。可我们毕竟是不懂得如何用简单去动人。我们甚至不知道用何种姿态面对亡者。

这正是从生命角度创课设计——教材文本"1"+同主题文本"N"=生命美。生命全靠其自身的内在意向性而审美地生存于世。

法国著名哲学家柏格森指出："生命从头到尾都是一种注意力现象。"也就是说，生命是以生命自身内在成长的生存意向性为其动力基础。生命不需要靠它之外的异质力量，也不需要它之外的"他物"作为其生存的基础。生命自我确立、自我给予、自我生产、自我观察、自我组织、自我创建、自我更新、自我参照和自我付出。

"肉眼、心眼、天眼"齐观
——《触摸春天》主题阅读创意设计

对孩子最好的引诱是让他们去阅读。这样就算他们遇到糟糕的事，也会知道还有个备份的世界，那里有备份的梦想、备份的宁静、备份的诗意、备份的远方。

或许再过几年，几十年，我们的孩子还会记得这篇课文、这段故事。并不是因为考试才记得它的内容、它的结局，而是故事里有最明亮的瞬间。我们和孩子一起经历的课堂岁月，甚至生活本身，都可能是不真实的。可我们必须信奉——那些让人恍然的瞬间，都是真的。

当带领孩子"肉眼、心眼、天眼"齐观——《触摸春天》，我们便拥有了那"恍然的瞬间"——黑暗是另一种光线。

一、《触摸春天》文本解读

1. 触摸春天的符号

春天是抽象的季节符号，也是抽象的文字符号。所谓"触摸春天"，就意味着触摸春天的符号。换句话说，就是通过与文本对话，触摸春天的万物。

我们与课文中"春天来了，小区的绿地上花繁叶茂。桃花开了，月季花开了""浓郁的花香""那朵月季花上，正停着一只花蝴蝶"等描写对话，触摸到了一系列象征春天的符号——

月季是植物的符号；蝴蝶是动物的符号；安静是人物的符号；绿是色彩的符号；桃花开了、月季花开了是植物形态的符号；花繁叶茂是植物茂盛的符号；浓郁的花香是植物味道的符号……这是代表春天万物的符号，这些都是春天生命生机勃发的符号！

从这个角度出发，触摸春天，就有了触点。每个触点，都让人触电，因为每一个美的生命体都是一个美的音符，它们在合奏春天美的赞歌！

2. 生命与生命对话

"昔我往矣，杨柳依依"（《诗经》）；"春风杨柳万千条"（毛泽东语）……从远古到现在，春天一直都在，所有春天的气息与生命符号并没有消失，只是换个方式继续存在。我们呼吸的空气，曾是李白呼吸过的空气，当然，也是希特勒呼吸过的空气。人会死，但滋养人的大自然的气息，不会消失。这些气息，难道不包含春天的生命气息？

答案是肯定的。

所以触摸春天，就意味生命与生命的对话。

（1）花香的味道诱惑着安静。

花香诱惑着安静——花的生命气息诱惑着安静的嗅觉。

春天说:"来拥抱我,我自温馨,自芬芳,来拥抱我"。"这个小女孩,整天在花香中流连。"

这世界将会在你面前自愿现出原形,不会是别的,它将如醉如痴地在你面前飘动。每个词语都是生命与生命对话的见证和确认。每次对话都不可被任何人复制。

(2)蝴蝶的舞动诱惑着安静。

"安静在一株月季花前停下来。她慢慢地伸出双手,在花香的引导下,极其准确地伸向一朵沾着露珠的月季花。我几乎要喊出声来了,因为那朵月季花上,正停着一只花蝴蝶。安静的手指悄然合拢,竟然拢住了那只蝴蝶,真是一个奇迹!睁着眼睛的蝴蝶被这个盲女孩神奇的灵性抓住了。蝴蝶在她的手指间扑腾,安静的脸上充满了惊讶。"

——就像一只笼子在寻找它的鸟,蝴蝶是在寻找安静的掌心!我们似乎看到了蝴蝶的触角朝向,我们似乎感受到了一个生命在寻找另一个生命的信任,蝴蝶本真的生命与安静童真的生命同频共振。

毋庸置疑,安静,一个盲童,笃定是受难的。

当然,任何人必然都是无法饱满的——所以表面的充盈是通过减损别处获得的。只有破,有罅隙,光才有投入其间的可能。

故此,对安静而言,受难是这个世界的积极因素,是的,它是这个世界和积极因素之间的唯一联系。春光,就射进安静的心里。

我们周围的一切苦难我们都得忍受。我们大家并非与安静共有一个身躯,共有一双眼睛,却共有一个成长过程,它引导我们经历一切痛楚,不论是用这种或那种形式。就像盲童安静,我们同样在成长中经历这个世界的一切苦难。

3. 是安静触摸春天,也是春天触摸安静,更是两相触摸

(1)安静触摸春天。

"安静在花丛中穿梭。她走得很流畅,没有一点儿磕磕绊绊。"

安静穿越花丛时,就像在花丛中翩翩飞舞的蝴蝶,它可以自由选择穿越的道路,其触摸春天是自由无阻的。

"她张开手指,蝴蝶扑闪着翅膀飞走了,安静仰起头来张望。此刻安静的心上，一定划过一条美丽的弧线，蝴蝶在她八岁的人生划过一道极其优美的曲线，述说着飞翔的概念。"

安静，或许改变不了被蒙住的生理双眼，但她却用一只手挡开了笼罩着命运的绝望，同时用另一只手放飞了一个蝴蝶梦。

这个梦把她带到了身体无法到达的地方。

（2）春天触摸安静。

安静，这位春天的"探险家"，不畏失明走进花园，满怀希望拥抱春天、触摸真实，以春光自我加冕……她是明眸世界里唯一的"精神裸体者"，她以独一无二的"触摸春天"的方式决定了她的"创作"——"谁都有生活的权利，谁都可以创造一个属于自己的缤纷世界"——她的"创作"形塑了她自己。

这与其说是安静触摸春天，不如说是春天触摸安静。

"在花香的引导下，极其准确地伸向一朵沾着露珠的月季花"，春天以"花香"触摸安静。"在春天的深处，安静细细地感受着春光"，春天以"春光"触摸安静，"安静细细地感受"，这是深度沉醉，沉醉是人生最好的黄金时刻——安静打开了"心眼"。

"她张开手指，蝴蝶扑闪着翅膀飞走了，安静仰起头来张望。"安静打开了"天眼"——"此刻安静的心上，一定划过一条美丽的弧线！蝴蝶在她八岁的人生划过一道极其优美的曲线，述说着飞翔的概念。"打开了"天眼"，就看到了诗和远方。

（3）与其说是春天触摸安静，不如说安静、春天，两相触摸。

命运并不善良，亦非不善良。盲童安静，带着一个美丽的伤口来到这个世界，铿铿作响地走在花园里，触摸到了春天最撩人的语言——花香、蝴蝶——识香入花园，拢蝶得自然。

春天把生命藏在春光里，每一个毛孔都张开了！它刻不容缓地分秒必争地以花香、以飞蝶缠绵地触摸安静的灵感，打开了她的"心眼、天眼"。春天的一切都成了她生命的陪嫁。

初读不知春天意，再读已是春天人。设若我们不能以"肉眼、心眼、天眼"齐观，便看不见身边那个触摸春天的安静。看不见身边那个触摸春天的安静，怎么可能看得见春天触摸安静？怎么能看见那个世界以痛吻我，我要报之以歌的春风盲童？

"安静触摸春天"是启程，"春天触摸安静"是归来。启程时天真，归来时辽阔。

二、主题拓展阅读设计之一

终其一生，我们都在学习如何在黑暗中睁开双眼。

"肉眼、心眼、天眼"齐观——从与"1"个文本的对话，走向与"N"个课外文本的对话。

1. 拓展阅读《盲童的画》

在少年儿童画展色彩缤纷的画幅中，我看到了一幅没有色彩、线条也极简单的画。那是一幅盲童的画。

雪白的纸上，用圆珠笔画着一个太阳，照耀着一座小屋，小屋前一条小溪，还有一棵树。寥寥几笔，勾画出了一个和平幸福的人家。

从这里走过的人，都会细心地看着这张没有色彩的极简单的画，看得那么久。他们不单是看这张画，透过这张画，他们好像触到了这个盲童的心灵。

设想一下盲童拿起笔的情形吧：她画一个太阳，那美丽的太阳准是露出红红的脸，放射出温暖的光芒，照在每个人身上；她画一棵树，准是葱绿葱绿的，上面栖留着无数的鸟，唱出悦耳的歌，她好像也听到了它们的合唱；她画一条小溪，准是清澈见底的溪流，她曾在溪里洗过手，多么清凉；她画一座小屋，屋里准是充满着亲切的细语，温暖的笑声。这是多么美好的情景啊。

可是，她心灵上的色彩，她感觉到的声音，怎么画得出来呢？她是个盲童啊，她只能画这样一幅简单的画，这么疏疏落落的几笔。一个失去视力的孩子，用她那美丽的想象，组成这样一幅和谐的画面，已经很不容易了。

不，就从这没有色彩的画幅上，人们看到了她心灵上的色彩；从这线条简单的构图中，人们听到了她感觉到的声音。无论谁走到这幅画前，都会觉得这幅画蕴藏着美好的内容：一个热爱生活的盲童在向你招手；一棵美丽的生命之树在祖国温馨的阳光下生长；一颗坚强的、充满希望的心在对你微笑。

2. 让我们睁开"肉眼"看《盲童的画》

有人说，所有的作品，都是作者本身。盲童的画就是盲童本身。这个本身是什么？也有人说，疾病和信仰让人干净。盲童的眼疾，让她的画干净。你从哪里看出她的画干净？

3. 让我们打开"心眼"看《盲童的画》

"可能性多"并非好事，而"无路可走"也可以是一种积极的宿命。结合盲童画画，写写你的理解。

4. 让我们"肉眼、心眼、天眼"齐观《盲童的画》

第一遍读《盲童的画》，我用"肉眼"看盲童的"肉眼"，觉得，她是黑暗中的一只羔羊——绝望又坚强。

第二遍读《盲童的画》，盲童在用"心眼"看我的"心眼"，盲童觉得——我在黑色中柔韧又坚强。

第三遍再读《盲童的画》，我们都在用"天眼"看彼此，都觉得——无人可以看透我，连我自己也不行。

如果让时光折射出了黑色的光芒，可以灼伤眼睛：力透纸背的黑色，最有风骨的黑色，不肯花红柳绿的黑色，自带光芒的黑色，骨头上开出铿锵之花的黑色。

我分明看到了，在光阴中，盲童是一只黑色的小鸟，在黑暗中飞行，飞得光华灿烂，飞得绝世芳华——即便在黑暗中，她仍然飞得那么干净、飘逸、有力。

"雪白的纸上""一幅没有色彩"的画，要什么色彩，黑色是一切颜色的尽头，白色是所有颜色的集合。

"透过这张画，他们好像触到了这个盲童的心灵"——黑色诗人点亮了白色世界——追求轰轰烈烈的光怪陆离后，黑白素简，是进一步的美学升级。它本身就流淌着生命的色彩，只待温度与时间的酵化。"盲童"画家，可以平复我们"审美"的饥饿。

三、主题拓展阅读之二

1. 文本《叙利亚盲童安萨姆》

"妈妈，这里的回声很好听。"10岁的安萨姆（Ansam）在大马士革近郊旁的一片废墟中，发出了这样的感叹。安萨姆和其他40名小伙伴就是在这里一起完成了歌曲《心跳》MV的拍摄。这样的景象对他们来说并不陌生。孩子们全部来自附近的避难所，因战争逃离家乡，有的人甚至7次举家搬迁。而先天失明的安萨姆通过白色鞋子下的瓦砾感受到了这一切。

2017年3月15日，叙利亚内战的第六个纪念日上，联合国儿童基金会以及作曲家扎德·迪拉尼，发布了这首为叙利亚谱写的歌曲《心跳》。

联合国儿童基金会叙利亚办事处新闻联络官说："孩子们鲜艳的衣服，手中的花朵和油漆桶中的颜料，与周边的灰色废墟形成了巨大的反差，让这里再次充满了生机。你有没有看见过太阳从废墟中升起？生长在这片土地上的孩子就是有如此强大的复原能力。"

据联合国儿童基金会统计，目前在叙利亚国内，有近600万儿童需要依靠人道主义救助，是2012年的12倍，数百万儿童流离失所。在土耳其、黎巴嫩、约旦、埃及和伊拉克等国生活着近260万叙利亚儿童难民。

附《心跳》歌词：
  在废墟和战火中，我们的伤口很深
  我们想要大声说出来，但我们的声音很微弱
  我们也许还是孩子，但我们的哭泣来自心灵
  我们想要消除恐惧并且改变
  我们想要大声出说来，一切皆有可能
  有人在听，有人听见
  我们想要唤回我们的童年
  在一起，我们充满希望

我们将更加强大并成长

带着痛苦、恐惧和泪水

我们写下这首歌

我们的心跳重新获得生命的活力

我们的脸庞将焕发光彩并点亮这长夜的黑暗

我们一起追逐的梦想都会成真

我们的心再次跳动

我们的微笑无处不在

我们的心再次跳动

在一起，我们充满希望

我们将更加强大并成长

带着痛苦、恐惧和泪水

我们写下这首歌

我们的心跳重新获得生命的活力

2."肉耳、心耳、天耳"齐听

"在战火和摧毁中，我们的伤口很深/我们想要大声说出来，但我们的声音很微弱……"看了MV，听了《心跳》，你觉得叙利亚盲童安萨姆的声音微弱吗？为什么全世界都能听见？你听见了什么呢？你觉得叙利亚盲童安萨姆的力量微弱吗？为什么？

3."肉眼、心眼、天眼"齐观

安静、画画的盲童、叙利亚盲童安萨姆，她们双目失明，无疑给生活带来诸多不便，想必她们是痛苦的。但是，痛苦会过去，美却会留下。

她们各自留下的美在哪里？留下的共同的美又在哪里？

通过以上"肉眼、心眼、天眼齐观"——《触摸春天》的解读与主题拓展阅读，我恍然：教材文本与课外同主题文本的对话，是一个世界带给另一个世界更满全的信息。

解读文本，进行文本与文本之间的对话，是为了加深加宽理解。理解是由被理解的事物和其他理解或不理解的事物之间的关系构成的。"一个人若要完全理解另一个人，大概必须有过类似的处境，受过类似的痛苦，或者有过类似的觉醒体验，而这却是非常罕见的。"（黑塞语）赫兹里特在读十八世纪思想家埃德蒙·柏克的作品时，如此陈述自己的阅读体验："我放下书本想要洞悉这力与美的奥秘，又不得不绝望地将它重新拾起，边读边赞叹。"这种"不得不绝望地将它重新拾起"的感觉，相信真正喜爱阅读的人都有过体会，或许每个读者都会有幸遇到一个让自己"绝望地将它重新拾起"的作家，这种感觉体现了所阅读文字的魅力，而这种"绝望"在实质上是读者走到了自身知识和思想的边境线的证明，他发现了凭借自身的认知能力去扩展自身知识疆域的艰难不易。因此，我们要心怀敬畏，并求助于边境线之外的文本，拓展同主题阅读的大视野。

不断寻找着字里行间的共鸣
——《卖火柴的小女孩》"1+N+1"的创意设计

越是长大越是觉得童话是这世界上最真诚的读物。童话是写给儿童看的，也是写给成年人看的，每个成年人大概都有一个童话梦，只是随着年龄的增长，知道永远无法实现就将它藏在心底，连同那段岁月一起藏在了秘密的花园。阅读童话，可以重新唤醒秘密花园，每一片叶子都满藏着秘密。童话阅读就像春雨，能洗去我们身上的泥泞，卸下我们身上的装备，使我们远离喧嚣，回归平静。

怎样理解教材文本这个"1"？

它是可资教师教学与学生学习的文本之一，而非唯一。

对教材文本这个"1"理解的误区是什么？

教材文本被神化成教师教学与学生学习的唯一。当教材文本被幻化成"唯一"准绳的时候，就教材教教材，自然便成了"保险系数"最高的教学方法。笔者曾亲历的《卖火柴的小女孩》的教学正是按这样的方法进行教学设计的——

一次听五位老师《卖火柴的小女孩》的"同课异构"教学。

大家清一色地参阅"特级教案",使用多媒体手段,进行音乐渲染,对小女孩五次擦燃火柴的原因、过程以及出现的幻觉与破灭,析微析细、读来讲去。尽管氛围凄迷哀婉,环节九曲回肠,直煽得学生心酸落泪,最后还是殊途同归、九九归一:大年夜,小女孩悲惨地冻死街头且无人同情,丹麦社会何其黑暗,简直是人间地狱!

怎样考,就怎样教,教得有板有眼,教得理直气壮,教得心安理得。当然,唯考是教,最终是教得糊里糊涂,教得直冒傻气。

糊涂在哪里,傻在何处呢?

关键是对教材的"1"把握得"一塌糊涂"。"之一"当"唯一",表面看敬畏"1"、尊奉"1"、朝圣"1"、实则是窄化了"1"、片面了"1"、戏弄了"1","1"变成了"一条死胡同""一具木乃伊"。

怎样走出"一条死胡同"?如何满血复活"一具木乃伊"?

开展"1+N+1"的创意读写创课实践:

"1+N+1"=学习一篇教材文本(小院子)+学习若干个与教材文本有关的延展文本(小院子周围的生机勃勃的原始森林以及院子附近无数条隐秘小径通向原始森林)+增殖一个读写结合(新生了一棵小树)。

阅读,就是开放时空,放手让学生去读,这是最主要的,老师的讲述却没有那么重要。好的老师应该是讲经布道的牧师、介绍风景的导游,更应成为一名带领学生探险的领队。对于学生的文学道路来说,课本里的东西只是沧海一粟,只是一个指示的标牌,不是生气勃勃的原始森林,而只是一个小院子。老师要告诉学生,在院子附近,有无数条隐秘小径,通向原始森林。

我们可以通过创课在阅读的原始森林里"探险"!通过探险找到通向原始森林的无数条路径(N),最终到达原始森林(N)。

【探险路径之一】

(借助网络,开放课堂,把学习的自主权还给学生。)

师:孩子们,童话王子安徒生的《卖火柴的小女孩》,可谓妇孺皆知、耳熟能详，请你们再次与课文对话，说说你的想法。五分钟后，我们交流。

生：寒冷与饥饿夺走了小女孩的生命，可以想象，她的死是极度痛苦的，为什么她死的时候嘴角还带着微笑？

师：想了解这个问题的请举手。

（约60%的学生举起了小手。）

师：好，我推荐你们读一读作家毕淑敏的《童话中的苦难》。快速上网检索，五分钟后，再谈你们的想法。

（学生充满期待地、全身心地投入到检索、阅读《童话中的苦难》之中……）

师：让我们共同分享大家的"自我"对话。首先是小女孩冻死的时候为什么嘴角还带着微笑？

生：毕淑敏在《童话中的苦难》里写道："依我在西藏雪域生活多年的经验，作家笔下所描绘的小女孩临死前所看到的温暖光明的家庭图画，其实很有科学根据。濒临冻僵的人，神经麻痹之后会出现神秘的幻觉——平日的理想都虚无缥缈地浮现出来了。包括小女孩脸上的笑容，也有医学基础。严寒会使人的肌肉强烈痉挛，我当过多年的医生，所见过的被冻死的人，表情都好似在微笑……"

由此，我明白了小女孩冻死街头，嘴角还留着微笑的科学依据。

小结：
1=小女孩冻死的时候为什么嘴角还带着微笑？
1/N=阅读《童话中的苦难》，教材文本与拓展文本对话。

1+1/N=1，由此明白了小女孩冻死街头，嘴角还留着微笑的科学依据。

【探险路径之二】

生：毕淑敏同时说道："小朋友和中朋友们，说句真心话，依我这些年跋山涉水走南闯北的经验，苦难就像感冒，几乎是不可避免的。如果谁告诉你们世界永远是阳光灿烂，请记住——他是一个骗子。"

理智告诉我们：生活中不可能永远阳光明媚，总有风雨阴霾。

生：面对痛苦，毕老师告诫："还有一条路是——我们拭干眼泪，重新唤起生的勇气。掩埋了亲人之后，我们努力振奋新的精神，以告慰天上的目光。我们更珍惜生命的价值和意义，争取用自己的存在让这颗星球更美……"

师：好一个"争取用自己的存在让这颗星球更美……"经过努力争取，今天的丹麦的公民生活怎么样了呢？还有卖火柴的小女孩吗？请让事实说话！

生：《关于丹麦福利制度的报告》中说，今天的丹麦是世界闻名的高收入、高税收、高福利国家，实行了"从摇篮到坟墓"的全方位免费福利保障体系，国家的税收约一半用于支付养老金、失业救济、教育、医疗、各类补贴等福利开支。

生：作为高福利国家，从小学到大学丹麦的教育是全部免学费的。

生：（1）儿童日间照顾。在哥本哈根，11个月以上的儿童都可以经过申请进入日间照顾中心。丹麦福利制度规定，0—2周岁的儿童每人每年可得补贴12500丹麦克朗；3—6周岁的儿童每人每年可得补贴11300丹麦克朗；7—17周岁的孩子每人每年可得补贴8900丹麦克朗。丹麦儿童享受日间照顾是基本不用父母掏腰包的。（2）校外中心和俱乐部。可以为10—14岁的孩子提供放学后的活动服务。俱乐部组织的活动非常丰富，无论是喜欢美术、音乐、文学的孩子，还是喜欢运动、电脑、手工的孩子，都可以在这里找到自己的乐土。（3）儿童健康服务。丹麦儿童满5岁之前要接受7次预防性的体检，全都是免费的。

小结：

1=丹麦的公民生活怎么样了呢？还有卖火柴的小女孩吗？

1/N=阅读《关于丹麦福利制度的报告》。

1+1/N=1，丹麦是全球幸福指数最高的国家之一。

【探险路径之三】

生：我曾到过丹麦，我把拍摄的部分照片与大家分享。（图略）

师：到一个陌生的地方，我们会更善于观察，感知变得敏锐，胸怀也更宽广。

当眼里看过更大的世界，心中才能更宽容，才能更坦荡。接受彼此的不同，尊重相互的差异，是"了解世界"的重点。

【探险路径之四】

生：丹麦政府已经允许学生在年终期末考试时使用互联网。丹麦教育部前部长贝特尔·哈尔德表示："我们的考试应该反映日常课堂生活，而课堂生活也是社会生活的反映，在社会生活中互联网是必不可少的，我坚信在未来几年里大多数欧洲国家都会采用同样的考试体制。"

师：看看我们的孩子怎样看待考试分数——

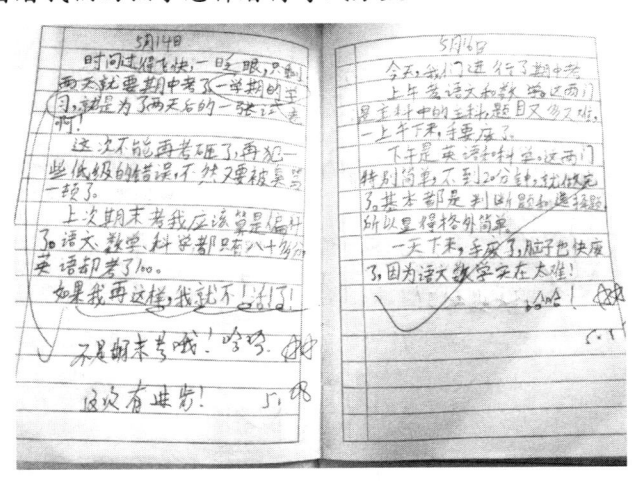

师：我们了解一下丹麦是怎么对待孩子的考试分数的。

（播放视频片段，介绍40年来丹麦13岁以下的孩子从来没有在学校拿到过分数……）

《卖火柴的小女孩》是安徒生的经典之作。卡尔维诺说，一部经典作品的经典之处乃是"我们从一部在文化延续性中有自己的位置的、不管是古代还是现代的作品那里所感到的某种共鸣"。不管世界变化得多么令人猝不及防，总有人在某个角落里琢磨着那些经典的文字，弹奏着笔尖上的夜曲。是的，我一直在这里，在这些作品里，不断寻找着字里行间的共鸣。

第三节 创意案例

基于核心素养的主题创意教学
—— 《天使，在身边》教学案例

在我看来，小学阶段核心素养的关键词，主要指涉"平等合作的意识，初步的逻辑思维，知识学习的兴趣，保存活泼的天性"等。笔者开启基于核心素养的主题创课教学，旨在从知识技能教学转向核心素养教学，创构教学内容和形式，达至培养学生思维素养之鹄的。

下面，试以笔者应邀在重庆执教的习作教学公开课《天使，在身边》为例，浅谈践行体悟，与飨同仁。

一、平等合作：从名词世界流向动词世界

师：亲爱的孩子们，你们看起来真精神——目光炯炯、情绪饱满！我们第一次见面，一起喊一遍我的名字。

生：（齐）孙建锋。

师：大庭广众之下，直呼我的姓名。你的想法是？（自然地蹲在一个学生面前，递上话筒。）

生：我觉得老师很容易让我们亲近。

师：第二次，不喊姓，只喊最后两个字。

生：（齐）建——锋——

师：这和喊三个字，你有什么不一样的想法？

生：我觉得"建锋"两个字，是"爱称"。

师：你是不是"爱"上我了？

生：可以这么理解！（一阵笑声）

师：第三次，只喊最后一个字，一般情况下我是不允许别人当众喊我最后一个字的。今天开放了！

生：（齐）锋——

师：这回又有什么不一样的想法？

生：这样一喊你就留在了我们的心里！

……

创课自悟：

平等合作的意识，是人的核心素养。较之于学习内容，学生与教师的人格对等应该率先"置顶"。

怎样缔造平等合作的师生关系呢？

课始，我蹲下来，从身体到心里蹲下来，目光放平，与学生人格对等。"怂恿"学生直呼我的姓名，学生无拘无束，畅快呐喊：三个字，两个字，一个字，字数越喊越少；"亲近""爱称""留在心里"，师生感情却越来越亲。亲其师，信其道。

缔造平等合作的师生关系，意味着生命与生命温情对话。生命温情对话需要打开心场，把自我与学生的心连接起来，把师生对等的人格连接起来，把彼此的爱连接起来。连接的密码是"平等合作"。

若此，平等合作的意识才会真正终结于纸上谈兵，从抽象的名词世界流向实操的动词世界。

二、激发兴趣：让每个独特的思维都开花

师：有人说，中国小朋友的想象翅膀，比不过美国小朋友的，你觉得呢？

生：我不服气，都是人，为什么他们就比我们强？

师：那就比一比，比想象，比思维，比智慧。一位美国三年级的小

朋友，写了一篇作文：

我们几个小男生，到郊外去玩，在芦苇丛中发现了一只蛋。

有的说是蛇蛋，有的说是鸟蛋，有的说是龟蛋……大家争论不休。后来，我们决定把蛋拿回去放到烘箱中去孵……

壳快破了，大家紧张地盯着看……

哈，蛋里孵出的是……

师：蛋里孵出的是什么？需要我们猜想。这是和美国三年级的小学生比想象。当然，猜想没有对错，每个猜想都是美丽的。

生：（各自猜想……）蛋里孵出的是小鸡、恐龙、手榴弹、一条龙、一只凤……

（这时一个学生突发奇想。）

生：蛋里孵出的是一位名叫孙建锋的老师。（惊呼、大笑）

师：请站在自己的椅子上，蛋里孵出的是？

生：先孵出的是孙建锋，再孵出的是我自己。（大笑）

师：（再请这位学生站到自己的课桌上）更上一层楼（蹲下身，伸长胳臂递过去话筒，仰视学生）请告诉大家，蛋里先孵出来的是？

生：蛋里先孵出的是孙建锋老师。

师：蛋里又孵出？

生：又孵出了我。

师："双黄蛋"啊！（哄堂大笑）

师：请看"原著"（屏幕投影）——

生："哈，蛋里孵出的是奥巴马总统"！（笑）

师：其实你的想象并不比美国小学生的逊色。他想象孵出了奥巴马，你想象孵出了我们俩，"我们俩"大于"奥巴马"。（掌声）

创课自悟：

"蛋里孵出的是什么？"每个孩子的想象都是独特的，特别是那个孵出"孙建锋和'我'"的学生，更加卓尔不群，丝毫不输给孵出"奥巴马"的美国小朋友。

为什么会这样？

因为在生命秩序中，每个生命的DNA不同、指纹不同、声线不同，一切个体都是独特的。每个个体的独特性，只有在面对其他独特的个体时才有意义，才得以形成，得以肯定，得以显露。故此，在上文教例中，笔者创设情境，尽情绽放每个生命个体独特的思维之花。

独特的思维是一种能量。每个生命个体的独特思维，彼此相遇，相互碰撞，交织出不可思议的能量之网。相似的思维能量，比如蛋里孵出"孙建锋和'我'"和蛋里孵出"奥巴马"，彼此相遇，相互吸引，相互融合，形成"能量块"。当越来越多的这种独特想象的"能量块"黏合起来，便会形成高级的联合思维。这是一种能够产生创造奇迹的潜在力量。我们没有理由不让每个独特的思维都开花！

三、潜移默化：引领学生从单一思维走向网状思维

师：我的朋友甲和乙，分别是两家创意公司的CEO。近日，他们发来两个新创的视频。先来分享朋友甲发来的视频1。

[播放视频1：有一个巨石人在山上玩弄巨石，突然，巨石滚落，加速度越来越大，眼看就要把山下的小镇夷为平地，巨石人奋力一跃，落在巨石的前面，用双手托住巨石。在惯性冲击下，巨石人的一只脚触到了小镇最前端的一座教堂的墙壁上……（镜头定格）]

师："在这千钧一发之际，巨石人力挽狂澜，小镇免除了灭顶之灾。巨石人和巨石化为了一尊雕像，雕像成了小镇的一道风景，风景成了一处旅游景点。"

这原本是我的朋友甲的公司主创人员创作的故事结尾，然而我的朋友甲却说"just so so"（一般般）。如此结尾，太缺少想象力！

老板说这个创意一般般，就意味着这个月的奖金泡汤了。（生笑）

我的朋友甲说，孩子们是想象的天使，能不能请小朋友们帮助设计一个充满想象力的结尾呢？参与者"有奖"哦！

请你用一句话编一个奇妙的结尾。争取拿到这个"奖品"。

（几分钟后。）

师：分享的想象才是最好的想象。你做好准备了吗？

生：小镇上的人们为巨石人建造了一座宫殿，供奉他。

生：巨石人和那块石头被玉帝移到天国成为一道美丽的风景。

生：仁慈的上天为了赞赏他为小镇不顾一切的精神，击碎了大石头，巨石人变成了一个欢快的小孩，并加入皇室的行列。

生：当巨石离小镇只有1米时，突然"孙建锋超人"从天而降，与巨石同归于尽。人们为了纪念孙建锋，把他的塑像和伟人的塑像放在一起。

师："无限穿越""奇特组合"，这是你们曼妙的想象！朋友甲要颁发的"奖品"是分享他征集到的比较满意的一个五年级小朋友设计的结尾——

（继续播放视频：巨石人尽管使出了浑身解数，由于巨石的惯性太大，它的后脚跟还是触碰了教堂，教堂钟声响起，随之便轰然倒塌了。闻声，小镇的每个人都举起了兵器，霎时，万箭齐发……巨石人被激怒了，放了手，巨石继续滚落下来，碾碎了整个小镇，连同那里的居民……）

（生大笑。）

师：朗朗的笑声，表示了你对这个结尾的一种认同。我的朋友甲，很想知道你们对这个结尾怎么看，希望你们给他编一条微信。

（学生编微信。）

师：我们一起来分享你的微信，好吗？

生：我原以为结局应该是巨石人保护了小镇，恰恰相反，结局是巨石人亲手摧毁了它拯救的村庄。不可思议。

生：小镇的人们没有理解巨石人的意思，反而恩将仇报，巨石人就毁掉了小镇。

生：山上玩石，他是一个中性人；托石，他是个大英雄；放石，他是个刽子手。石头人，多面人。

师："中性人"是？

生：就是介于一个极端与另一个极端之间的人。

师：由此我们知道了，想象思维不能仅仅是一条线，还有可能是三个面。石头人在山上玩石头，无所谓好与坏，是中性人；石头就要滚落到小镇里，他力挽狂澜托住它，就是大英雄；放手毁掉小镇，他就是刽子手。

创课自悟：

单一思维习惯于将刺激归入"A"或者"非A"。换句话说，就是习惯于非黑即白的思维模式。但是，思维是复杂而非简单的，是多元而非一元的，是网状而非直线的。世界是网络状的而不是直线型的。吉尔兹的描述最真切：人是悬挂在意义之网里的动物。意义是网状的，所以基于意义或被意义驱动着的人的行为就是多因多果的而不是单因果链的。

上文教例中，学生写道："山上玩石，他是一个中性人；托石，他是个大英雄；放石，他是个刽子手。石头人，多面人。"这是基于对"视频1"中巨石人行为的动态感悟，运用朴素的思维网状，做出的洗练概括。巨石人生活在特定的情境之网里，他的行为必然受到情境的影响，在不同时段、不同地点，面对不同的境遇，做出了不同的反应。

教学要回归正常思维，就要潜移默化地引领学生从单一思维走向网状思维。

四、保持活泼：别怕不知道

师：这是我朋友乙发来的视频2，我们一起分享。

[播放视频2：茫茫的雪野上，一群白人青年男女正为一场派对布置道具……这时，来了一位不速之客——一只胖胖的黑狗熊。众人哗然，急忙躲避……胖胖的狗熊，大摇大摆地来到一台白色洗衣机前，背向镜头，起身站立……（镜头定格）]

师：胖胖的黑狗熊，接下来会做什么呢？朋友乙跟我说，只要"猜写"让人大吃一惊，就有资格看视频2的原创续集！

（学生奋笔疾书……交流分享略。）

师：每个人DNA是不一样的，每个人的指纹是不一样的，每个人的

思维也是不一样的，各开各的思维之花。每朵思维之花都很美，在我的眼里，没有不美的思维之花，孩子们，给自己鼓掌！（生鼓掌）

师：我们来欣赏一下原创的结尾。

（继续播放视频：黑熊从白色的洗衣机里取出放进去的黑色外衣，黑色的外衣变成了白色的，它穿在身上，一转身，连头发也变白了，黑熊变成了北极熊……）

师：孩子们，视频2的结尾究竟有什么味道，请独自"品尝"，再次放飞自己的想象。

（生书写。）

师：看谁的反应最快，谁就有可能抓住机会展示自己的习作，三、二、一！

（学生们争先恐后跑向讲台围着老师小手举得高高的。）

生：我觉得结尾意味无穷：雪是白的，洗衣机是白的，卡拉OK是"白"的……

师："卡拉OK是"白"的？

生："白皮肤"的人创造的歌曲啊！

师：哦！难怪你把"白"字加上了双引号！请继续读——

生：黑熊走"白"的……

师："走'白'的"——好有创意的诗性语言。

生：用"白"的……

师：哦！它用白色的洗衣机。

生：唱"白"的……

师：卡拉OK里放的是"白人"的乐曲。

生：最后黑熊皮肤白了，头发白了，方向变了……

师：无论方向怎么变，黑熊、白熊，还是熊。（大笑）

生：我可以借用这句吗？

师：那就是我们的"合著"了！

朦胧诗，诗朦胧！（搬了把椅子请学生坐下，同时请全班同学一起围坐在她周围）我们来一起分享。（蹲在学生身旁）仿佛月亮树下，听月亮姐姐讲故事——

生：（声情并茂）雪是白的，洗衣机是白的，卡拉OK是"白"的，黑熊走"白"的，用"白"的，唱"白"的，最后皮肤白了，头发白了，方向变了……可是，不论是黑熊、白熊，还是熊。（热烈鼓掌）

师：我可以把你抱起来吗？（生微笑点头）

师：（把生高高抱起，递过去话筒）愿意仰视你富有哲理的想象，更愿意再次聆听你诗性的天籁之音——

生：雪是白的，洗衣机是白的，卡拉OK是"白"的，黑熊走"白"的，用"白"的，唱"白"的，最后皮肤白了，头发白了，方向变了……可是，不论是黑熊、白熊，还是熊。（热烈掌声）

创课自悟：

"雪是白的，洗衣机是白的，卡拉OK是'白'的，黑熊走'白'的，用'白'的，唱'白'的，最后皮肤白了，头发白了，方向变了……可是，不论是黑熊、白熊，还是熊。"

我不知道，我也无法知道孩子竟然能够思接千载、视通万里，口吐莲花、妙语如珠，写出如此富有哲思的美文！

每个课堂，每个时刻，每个教师，都会遭遇"不知道"。别怕"不知道"！怕密布着"收缩、封闭、逃避、隐藏、伤害"的负能量。

苏格拉底说："我什么都不知道，我唯一知道的，就是我什么都不知道"。

在这个世界上，你有很多不知道的东西，只有在你认为你不知道的时候，你才有机会想要知道，可能去知道。

自以为"无所不知"的教师，上课就会不厌其烦地对学生耳提面命、滚动联播；而"一无所知"的教师，常常会带着学生去未知的海域发现"新大陆"。

说不，是说更确定的是

——《用儿童定义儿童》主题创意教学实录

一、阅读故事 A

师：我们来看一个故事。故事非常好玩，玩出兴趣来，最好！请你读一读故事A。

生：一天，四岁的萌萌在公园玩，看见花败了。她跟爷爷说，花灭了！

师：声音真好听！读得真有情！特别是"花灭了"，给人一盏灯渐渐熄灭的感觉！咱们读故事，就是比赛谁读得美！

生："不对！"爷爷说，"是花谢了！"

"不，是花灭了！"萌萌看见池塘里鱼在游，又说，"鱼在走！"

"错了！"爷爷连忙更正，"鱼在游！"

"没错！是鱼在走！"

师：我怎么听起来像一个人自言自语，不像爷爷、孙女的两人对话。你一定能读得爷爷像爷爷，孙女像孙女！

（学生一经点化、激发，迅速做出反应，不仅读出了人物的角色，而且读出了两人的争执。）

师：这就是读书，一遍比一遍入味，一遍比一遍到位。读，就是一种不断接近与抵达意境的过程。（掌声）鱼真的能走吗？

（相机播放一段视频：一只腮上有辅助呼吸器官的攀鲈鱼，在一片滩涂上"走"……学生看得目瞪口呆。）

师：这条鱼一边走，一边唱，回到家里去了。故事A当中，"花灭了"，不对，是"花谢了"；"鱼在走"，错了，是"鱼在游"。这完全是"用爷爷的认知定义儿童"。"花谢了"＝"花灭了"，"鱼在游"＝"鱼在走"，这才是"用儿童的认知定义儿童"。"花谢了"≠"花灭了"，"鱼在游"≠"鱼在走"，表面上是否定了儿童的答案，实质上是否定了儿童的（　　）。请用笔说话！

生：想象。

生：幻想。

生：认知。

生：眼睛。

生：嘴巴。

生：童心。

生：年龄。

生：存在。

……

师：没有一个答案是重复的，更没有一个答案是错的！继续思考："花谢了"＝"花灭了"，"鱼在游"＝"鱼在走"，"谢"与"灭"、"游"与"走"虽一字之差，成人的凝固思维与儿童的（　　）思维却有天壤之别。请用笔说话！

生：流动。

生：鲜活。

生：活蹦乱跳。

生：创造。

生：艺术。

生：天真。

生：无捆绑。

生：无污染。

生：灵动。

生：勇敢。

……

师：看来，爷爷不懂得可以"用儿童定义儿童"。我们再来看故事B。

二、阅读故事 B

师：你愿意读一读吗？

生：三岁半时，有个校外美术体验班，儿子激动地参加，老师要求他在黑板上画个圆，结果接口没画好，老师不由分说一把给擦了。儿子哇哇大哭。他爱画，虽不懂，但那是他的心头爱。为了保护他的热情，我们没有报那个班。

师："接口没画好，老师不由分说一把给擦了。"老师擦掉的是_____。三岁半的孩子"哇地大哭"。孩子用哭声表示：_____。写出自己的心里话。

师：（两分钟过后）愿意分享吗？

生：老师擦掉的是一个三岁半孩子的热情；孩子用哭声表示不满与不解。

生：老师擦掉的是孩子对艺术创造的热情；孩子用哭声表示伤心与反击。

师：为什么是"反击"？

生：哭声是孩子的一种武器。（鼓掌）

生：老师擦掉的是孩子自己的"原创圆"；孩子用哭声表示愤慨。

师："原创圆"，孩子亲手创造的属于他自己的圆。是吗？

生：嗯。

生：老师擦掉的是孩子的明天；孩子用哭声表示反抗。（鼓掌）

……

师：看来，美术老师还真的没有学会用儿童定义儿童。接下来，请看故事C。

三、阅读故事C

生：美国得克萨斯州的一位幼儿园老师夸赞了一个不自信的小女孩，说她发型很好看，但小女孩有点怀疑老师说的话，不相信。第二天，这位幼儿园老师梳着同样的发型出现在了学校。两个人面对面笑得好甜。

师：老师不仅夸赞小朋友发型很好看，而且还"模仿"她的发型。儿童心里会想：_____。请用笔说话！

生：儿童心里会想：哦！原来我的发型是真的好看，老师都在学我哩！

师："哦"，说明小女孩有了醒悟；"原来……哩"，说明女孩增长了自信！

生：儿童心里会想：老师对我真好啊！她对我的恩情，我永生难忘，因为她拯救了一个不自信的孩子！

师：知恩、感恩的孩子！

生：儿童心里会想：老师爱我的头发，爱我这个人！

……

师："模仿"是发自内心地把孩子看成"偶像"！幼儿老师的模仿就是"用儿童定义儿童"。让我们走进故事D。

四、阅读故事 D

师：谁愿意读？（很多学生举手）

师：走到前台来。（一生自告奋勇）

生：考试结束了，新任校长讲话。他问一个考试不及格的孩子："你怎么看自己的成绩？"学生说："我不是'不及格'，而是'还没有'。""'不及格'与'还没有'是两种完全不一样的思考方式。"校长说，"我们学校不要给孩子'不及格'的评价。请把'不及格'，换成'还没有'。"

师：的确，考试不是为了评出失败者，而是为了鼓励一个尚未达成目标的努力者。如果说"不及格"=失败者，那么，"还没有"=努力者。校长把儿童看成是"努力者"，而不是"（　）者"；看成是生命（　）者，而不是生命终结者。请思考之后，写下来。

生：校长把儿童看成是"努力者"，而不是"失败者"；看成是生命发源者，而不是生命终结者。

师：其实，不啻是儿童，每个活着的生命，包括校长，都需要不断学习，不断成长。校长是在向儿童学习"用儿童定义儿童"。故事A、B、C、D表面上是不经意的故事，实质上是一种角力：一种用"爷爷"定义儿童与用儿童定义"爷爷"的角力；一种用"美术老师"定义儿童与用儿童定义"美术老师"的角力；一种用儿童定义"幼儿老师"与用"幼儿老师"定义儿童的角力；一种用儿童定义"校长"与用"校长"定义儿童的角力。这种种角力，实质上是用成人定义儿童，还是用儿童定义儿童的角力。这种角力，实质上是观念的角力。这种角力在地球的每个角落，每天都在上演着……这种角力，究竟谁会胜出？举一个事例支撑你的观点。

生：我觉得在现有的社会，在一个家庭里面，我们儿童要想改变家长是不可能的。譬如，在我家，老爸常常说一不二，吐口唾沫都是个钉。当然，在家庭里，可以把这种"角力"，当作对大人的纠错；在学校里，可以用儿童的"角力"来维护儿童的成长。但是，这只能是一种美好的愿望。

师：一抹淡淡的忧伤！

生：我觉得在家庭里面，家长暂时会胜出。他们动不动就炫耀武力，还说："三天不打，上房揭瓦。"

师：你有一天也会长成大人，成为人父，是吗？

生：是。

师：那时，你用什么定义什么？

生：用孩子定义孩子。

师：今天你为人子，上房揭瓦，挨揍挨打。明天人为你子，上房揭瓦，不揍不打。这就是进步啊！（笑声）

生：按今天这种现状，一定是成人胜出，因为说理的话，我们是说不过他们的……

师：（蹲下来，递话筒）说理的话不一定说不过他们。

生：有时候，一个问题爷爷奶奶说他们是对的，我们说我们是对的，于是我们就争吵起来。爸爸妈妈知道后，却让我们向爷爷奶奶道歉。

师：你感觉是爷爷奶奶、爸爸妈妈联手"欺负"孩子，是吗？（生点头）我们不排除有这种情况的发生。

生：我觉得儿童会胜出。这节课，孙老师始终鼓励我们不断努力，接近问题的答案。我觉得最终我们儿童会胜出！

师：例子很鲜活！把课堂里发生的事情，作为一个事例，当作她观点的一个佐证！我觉得这个孩子在很用心地学习！

生：我觉得孩子和大人都会胜出。譬如，今天的课上，孙老师对我们探讨的问题，多次说过没有对，没有错，没有标准答案。孩子赢了，老师也赢了，师生双赢！

师：没有对，没有错。我不是糊弄你！而是把我们看问题的角度转换了，思路拓展了，使得我们都能胜出！我们都是课堂学习的赢家！

生：父母走过的桥永远比我们走过的路还要多，那么父母说过的话，大部分都是对的。比如说，花谢了，就是花谢了，不是花灭了。但是，当我们长大了，我们的孩子听了孙老师的这节课，来问我们：你们为什么这样控制我们？又该怎样回答呢？我认为只有我们长大了以后，依然还保持一颗童心，就不存在谁角力谁了。

师：我欣赏他的体态语言（说话时，目光平视，面带微笑，双手摊开），率真开放，自信满满。这样一种态势，一种从容不迫的说理态势，比说理本身更重要！春风化雨，点滴渗透！再次给以掌声！（鼓掌）

五、走进一节课

师：用儿童定义儿童真的能胜出吗？

生：有可能不会胜出。因为在我们的生活习惯中，是用成人定义儿童的。打个最鲜明的比方，假如考试的话，是一定不能用儿童定义儿童的。

师：为什么？

生：我们都已经习惯了用成人定义儿童的。

师：有道理。让我们走进一节课。这节课，可能会给我们带来很多的思考。

（播放视频1：课前，一班等待上课的男孩子，正叽叽喳喳，突然，一位满脸络腮胡子的中年男教师，推门而入。学生倏地闭口而立，个个都像受惊吓的小鸟，怯生生地望着老师……）

师：课前，一班孩子，快乐的小鸟一样正叽叽喳喳，突然，老师破门而入，一鸟如林，百鸟无声。对于"一鸟如林，百鸟无声"，你怎么看？请写下来自己的看法。

生：我认为，这些孩子老师来之前，说得很欢；老师来了之后，装得很乖。老师在不在，两副面孔！

师：你是站在老师的立场看学生。

生：说明这个老师平时对学生一定很严厉。他刚一进门，学生马上起立，个个毕恭毕敬！

生：百鸟惧怕一鸟。这只鸟很凶！很瘆人！

师：再看一段视频。

（播放视频2：一位外国黑人女教师，课前，在教室门口，和走进课室的学生逐一用身体语言问候、击掌拥抱、轻轻爱抚、扭扭腰身、碰碰脚跟、合掌施礼……特别是对一个坐在轮椅上的男孩，老师躬身相拥、暖心贴面……）

师：两种与学生的"见面礼"，两相对比，你又怎么看？

生：我觉得老师和学生的关系不一样。第一个视频中，表面上看，老师一进门，学生很整齐，只有一个站立的动作；第二个视频，表面上看，学生不整齐，各做各的动作。但是，动作整齐，内心不一定整齐，每个人真的喜欢那样的老师吗？动作不整齐，不一定学生不喜欢他们的老师，从他们个个开心的样子可以看出，他们很喜欢自己的老师。

生：我认为，第一个班的老师是我们很熟悉的，对学生严格；第二个班的老师，我们很陌生，但她对学生很亲切。

师：人和人的关系，有"严"和"亲"的分别。

生：第一个老师用"严"，表示对学生的爱；第二个老师用"亲"，表示对学生的爱。

师：你有博爱的思想，严是爱，亲也是爱。从不同角度，运用不同语言，描述不同感受，你们真了不起啊！请往下看——

［播放视频3：（接着视频1的内容）起立的同学正要坐下，老师示意站好，聆听教室正前方的室内广播——"同学们，这是你的领导人。我不想占用你们太多的宝贵上课时间，但是要请大家知道学校今天会有些改变，你的老师会跟大家进一步解释。请全神贯注、按部就班地学习。相

156 ▎小学阅读教学创意

信学校跟同学会以你为傲。谢谢大家！"]

师：教室广播声音背后的"隐形人"是谁？他为何要求学生"全神贯注、按部就班地学习"？按什么"部"，就什么"班"？学习什么？"隐形人"与"显形人"（老师）是什么关系？他们联手想干什么？以上，是我的问题。请你也试着提出自己的问题。

生：现场的学生们都是怎么想的？

师：这是一个心理层面的问题。

生：我发现视频中，同学们刚要坐下的时候，老师凶神恶煞地要让他们继续站着，难道坐着不能听广播吗？

师：观察仔细，从细节处提问题。

生：老师对待学生的态度，可严可松，为什么这位老师要执意选择"严厉"地对待学生？

师："严"和"松"是两个极端，他为什么选择了另一个极端？这个问题，提得好！

生：学校究竟要改进什么？

师：这个问题好！是个大问题，学校要改进什么？

生：为什么广播里命令孩子要按部就班地学习？

生：为什么广播里称老师为"领导人"？

生：广播里的"隐形人"和老师这个"显形人"，他们为什么要联合在一起？

师：对于同一段视频，同学们观察点不同，提出的问题不同，思考的问题不同，解决的问题也不同。当然，提出问题比解决问题更重要！请继续往下看视频4。

（播放视频4：广播完毕，老师示意学生坐下。他转身在黑板上写下——2+2=5。目睹现状，学生一片哗然。"安静！"老师瞪大双眼，用手中的板擦猛击黑板，厉声呵斥，"课堂上保持秩序！这是今天的第一课。读！2+2=5。"）

师："2+2=5"！"荒谬"的板书刚一出现，学生顿时愕然、哗然。"安静！""课堂上保持秩序！""律令"旋即镇压了"骚动"！"安静"，意味着不允许对"2+2=5"的"荒谬"众声喧哗,意味着控制"质疑",意味着屏蔽"噪音"。"课堂上保持秩序",是为顺利灌输"2+2=5"的"荒谬"保驾护航!课堂上保持对于"2+2=5"的秩序,就是保持"荒谬"的秩序,就是借保持"秩序"反秩序!所以,每每被呵斥"安静""课堂上保持秩序"的时候,你需要警惕,_____。想一想,写一写。

(孩子的笔尖在纸上舞蹈……)

师:我们来听听孩子们的声音。

生:我们要警惕,老师是不是故意教我们错误的知识?

生:我们要警惕,说老师错了,他会不会打我们?

师:注重自我保护。

生:我们要警惕,指出了老师的错误,他会不会生气?

师:顾忌老师的感受。

生:我们要时刻警惕老师对错误概念的强行输入!

生:老师到底要让我们怎样?竟然给出如此荒谬的一个答案。

师:请往下看。

(播放视频5:2+2=5,老师一字一顿地领读,反复强调等于5,并命令孩子大声、再大声地重复这个结果。)

师:这段视频很有意思。教师一遍遍领读,学生一遍遍跟读,"2+2=5"被一遍遍重复。"重复",就是在接近一种"不可能"。我们需要警惕:谎言"重复"千遍成(   )。

生:谎言"重复"千遍成真理。

师:请继续看视频6。

(播放视频6:这时候,一个老实巴交的男孩子举起手,怯弱地站起来,说2+2=4。老师却郑重其事地警告他:"2+2=5,什么都别想,你不用思考!")

师:我们回味一下视频6中的情节,请看PPT。

男孩:老师,2+2=4。(第一个说真话者,第一个吃螃蟹者。)

老师:我说了2+2=5。(老师是"真理",说什么是什么。)不用怀疑，了解吗？（不能怀疑老师，黄牌警告！）

男孩：是的，只是……（语言被腰斩！疑惑咽回肚子里！）

老师：什么都别想，你不用思考！（就做"小聋瞎"！就做不用思考的猪！）闭嘴！（禁声！索莱尔斯说：最好的奴役伎俩，就是不断限制他们的语言。）坐下！（压制！枪打露头鸟！）

师：独断、高压、恐吓、禁声、宰制……一切都是为了保障"行恶"的安全！

荒谬的制造者，正面承担两个任务：一是否定，否定真相2+2=4；二是颂扬，颂扬谎言2+2=5。在生活中，你有没有遭遇过类似的荒谬的一幕呢？

生：（坐着表述）有一次在课堂上，老师给我们介绍巨蟒。他说，巨蟒是有毒的。我说，巨蟒是无毒的。老师不同意，说巨蟒全身花纹，怎么会无毒呢？肯定是有毒的。

师：（请学生站起来，自己蹲下来，并递话筒）我不是法官，是聆听者，请你再说一遍。

（学生很自信地把荒谬的一幕又陈诉了一遍。）

师：我听了第二遍了，我要不厌其烦地听，我要认真地聆听。我要蹲下来听我没有听过的故事。给我们的故事能手一次掌声吧！

生：有次课上，我们的老师说"花绿柳红"，并且还不厌其烦一遍一遍重复着。我说，老师您错了，应是花红柳绿。老师根本不搭理我，还是说，"花绿柳红"。

师：时间关系，你的故事已经写在纸上，回头大家再互相欣赏。我们继续往下看。

（播放视频7：老师让同学们拿出笔把"2+2=5"抄写下来。这时，又有一名男孩站起来，斩钉截铁地说："老师，2+2=4。不是一直都等于4吗？怎么会等于5呢？"老师一听，暴跳如雷："谁允许你说话的？你敢怀疑我？""老师，可是……"不等学生把话说完，老师强迫他说"2+2=5"。学生嗤之以鼻，然后，他把老师撇在一边，转过身来，面向全班学生，左右手分别伸出两个指头，比画着说："你们看到了2+2=4。"老师见状，怒不可遏，厉声呵斥学生的话："你给我看前面！"学生没有惧怕，也没有示弱，而是指着老师据理力争："你明明知道2+2=4。""闭嘴！"老师怒目圆睁，吼道，"你站着等我回来！"）

师：这第二只"露头鸟"，不仅指正老师，还顶撞老师，继而"越俎代庖"，双手比画，直接教学2+2=4。"闭嘴！"老师怒不可遏，河东狮吼，"你站着等我回来！"

猜一猜，同学们对这只"露头鸟"持什么态度？

生：同学们会持同意的态度。

生：我认为同学们会持支持的态度，因为他说的是真理。

生：同学们都不敢发言，怕老师惩罚他们。对这只"露头鸟"可能持反对的态度，因为他有可能连累他们。

生：同学们有可能会同情他，有可能会幸灾乐祸。

师：我们来看一看同学们究竟持什么态度。

（播放视频8：老师愤愤地离开教室，同学们炸开了锅，纷纷指责"露头鸟"。有的说，你会害得我们惹上麻烦；有的说，老师他生了气会杀了你！）

师：一时间，因坚持"2+2=4"，第二只"露头鸟"成了众矢之的。老师有什么妙招处置他呢？

（播放视频9：纷纷指责的同学话音刚落，老师带来三个强壮的小伙子。他对小伙子们说："那小鬼以为他很行！再说一遍2+2等于啥？""老师，"第二只"露头鸟"毫无惧色，铿锵有力地说道，"2+2=4。"老师把目光转向三个小伙子："你们有见过这种说法吗？"三个小伙子说："没有。"老师告诉全体同学："他们是最优秀的学生。大家要向他们学习。告诉大家，2+2等于什么？""老师，2+2=5。"三个小伙子异口同声道。）

师：第一招，榜样示范，脱口而出——2+2=5。

（播放视频10：老师命令"露头鸟"走到黑板前面，让他写下2+2等于几。他接过老师递过来的粉笔，看着老师威逼的目光，迟疑片刻……"刷！"三个小伙子端起枪，瞄准"露头鸟"……这是他最后"悔改"的机会。他回头望了望老师，然后写下……）

师：第二只"露头鸟"回头，望了望给予他"最后一次机会"的那张恐怖的脸，望了望瞄准他的一支支黑洞洞的枪口。他拿起粉笔，写下2+2=？

生：4。

生：可能会写5。

生：先写4，再画一斜线，写上5。

师：呵！奇异而又狡猾的思维，机会主义思维。墙头上的草，随风倒。你要4，前面；你要5，后面。我们看看结果。

（播放视频11：他毫不犹豫写下"4"，老师看了看答案，又看了看三个小伙子。"啪！"枪声响起，一股鲜血喷射在黑板上他刚刚写下的"4"上，他倒在血泊中……老师问："还有谁不了解今天上的课吗？把他抬出去！""露头鸟"被三个小伙子抬出教室。老师擦掉黑板上"露头鸟"写下的2+2=4，重新写下2+2=5。然后让学生抄下来，不厌其烦地领着学生死记硬背2+2=5。）

师：枪声响起，第二只"露头鸟"，倒在了血泊里！他追求真理，拒绝荒谬。他将自己的独特发挥出来直到再也无能为力。他让死亡这个东西活了起来。他用儿童真纯的生命尊严的巨大力量，定义了儿童！你怎么看待他的行为呢？你觉得他是莽夫，还是勇者？

生：他是一位勇者！他是为了真理而被枪杀的！

生：我觉得他是莽夫。遇事要先考虑后果。他死之前，别人已经与他产生分歧了。他的死并不代表什么。

生：我也觉得他比较鲁莽。真理与生命，选择哪一个？我肯定选择生命啊！你连生命都没有了，还去追求什么真理呀！凡是要考虑后果，为了真理，放弃生命，还是鲁莽的。

师：今天，你所给出的答案，是在用儿童定义儿童。在真理、生命的选择上，是选择生命，还是选择真理，抑或鱼与熊掌可以兼得？这是一个哲学问题，也是人生观、价值观的问题。这些观念是随着认识可以转变的。怎样转变，时间会给予答案。课堂上，我们的探讨，充其量只能是一个逗号、一个省略号、一系列的问号。课外，有更广阔的天地，一生都在追求，我们永远在追求真理的路上……

师：堂吉诃德说：我知道鲁莽和怯懦都是过失，勇敢的美德，是这两个极端的折中。不过宁可勇敢过头而鲁莽，也不要勇敢不足而怯懦。康德说：成长是需要勇气的，而不是知识。在所有高压后面，在恐吓、暴力、制服之外，仍然可能出现这样一个时刻：生命不再出卖自己……

（播放视频12：老师一遍一遍领读2+2=5，学生却在自己的本子上写下2+2=4。）

师：视频中，2+2=4是一种隐喻，一种"真理"的隐喻；2+2=5也是一种隐喻，一种"荒谬"的隐喻。荒谬会催眠，像幻觉那样。真理是唯一的力量来源。为真理而活，有永不熄灭的活力。诗人塞尔努达说："一次相识才使你诞生。"与视频《2+2=5》的"一次相识"，"才使你诞生"了什么呢？

生：我们追求真理的梦想是万死而不辞的！

师：信念何等的坚定！

生：诞生了一个个的问题。

生：我诞生了一种敬佩之情，对那些坚持真理的人的敬佩之情！

生：我诞生了一种追求真理的勇气！

师：那么，用儿童定义儿童，2+2=？

生：等于4。

师：真的吗？让我们一起去看一看。

六、走进微电影《2+2＝？》

组织学生观看微电影《2+2=？》

数学老师出了一道测试题：2+2=？一名学生说，2+2=22。数学老师认为这个答案是错误的，因为2+2=4。于是，一个简单的数学测试题变成了以下局面：

学生认为自己的答案是对的。

家长认为数学老师伤害了这名学生的独立思考能力和自由意志。

校长建议数学老师给学生和家长道歉。

数学老师拒绝道歉，理由是自己的答案是数学公理。

校长批评数学老师，再次强调数学老师不尊重学生的自由意志，没有把学生的身份还原为"无知之幕"。比2+2=4更重要的公理是：全班学生除以0等于对每个学生的个人权利和自由意志的绝对尊重。在这里，人们必须学会把每个学生还原为0，即一个在数学意义上完全空白的存在，因此允许学生提出任何可能和不可能的数学答案；在这里，学生的自由权利和自由意志绝对高于数学公理。有鉴于上述理由，校长认为数学老师不合格，因此必须向家长和学生道歉。

数学老师再次拒绝。

家长组织了"记者招待会"，向社会公布数学老师的行为，指责数学老师破坏了人的自由权利，要求学校董事会辞退数学老师。

学校董事会开会研究中。

家长联盟和记者协议在学校操场举行抗议活动，要求学校罢免数学老师的教职。

学校董事会决定，辞退数学老师。

由此，自由主义大获全胜，2+2=22成为一个数学公式，并收录在数学教材里。

师：最富诗意的造型大师保罗·克利在《创造者的信条》中开言："艺术不复制可见之物；它使人们看见。""看见"，并不是对视觉清晰的要求，而是对"裂隙"的要求。好的"艺术"浑身是"裂隙"。德国画家丢勒说："裂隙"和"取出"同源。在"裂隙"中透过的，可以是光明可以是晦暗，可以是两者之间的任何东西。如果说微电影《2+2=？》是个好的艺术品，那么它浑身是"裂隙"。有人从它的"裂隙"中取出"艳红的玫瑰"，有人从它的"裂隙"中取出"累累伤痕"……你从它的"裂隙"中，取出了什么呢？

生：在美国孩子眼里2+2=22，家长、校长、社会一致赞同孩子"与众不同"的思维，由此，我取出了数学在美国具有可选择性！

生：愚蠢。

师：愚蠢？

生：难道不愚蠢吗？（学生不屑一顾）谁都知道2+2=4。

生：我取出的是"创造"。答案不一定是对的，关键是里面包含的无限创造！这个创造，体现了另一种思维。

师：不受标准答案的束缚。况且，在计算机语言中，若2作为文本字符，2+2=22也可成立。

生：我取出的是净、凉的风，和一阵阵笑声。

师：你的取出富有诗意。"裂隙"是一个空间。在这个空间的这一头，是有限的已被人类命名的和无限的未被人类命名的事物；在空间的另一头，就是创造。好的微电影，是一个世界带给另一个世界的信息。我们站在微电影《2+2=？》这个"裂隙"里，向"裂隙"索取着什么信息呢？有时候，原样不动地把这一头的东西，送到另一头，送过去的只是次级的现实而已；有时候送过去一种崭新的东西，冒着烟，发着光。那个冒着烟，发着光的东西，就是我们的精神世界。我们的精神世界越是庞大，自身越是有着充盈的明暗，越能把裂缝转变为空间。在这个空间里有一些孵化正在发生。譬如《2+2=5》+《2+2=？》=？

生：《2+2=5》+《2+2=？》=我们对待儿童的态度。

生：《2+2=5》+《2+2=？》=用成人定义儿童，还是用儿童定义儿童，这是一场旷日持久的大PK！

生：《2+2=5》+《2+2=？》=葱绿的小草！我们从中看到了真正的儿童，看到了绿色的希望！

生：《2+2=5》+《2+2=？》=荒谬。

师：我热爱创作的荒谬，胜过不创作的荒谬。

创课自悟：

读了故事ABCD，看了视频《2+2=5》与《2+2=？》，俨然面对一幅幅从未见过的"画"，如果不改变对"用儿童定义儿童"的看法，那么，要么是个固执的傻瓜，要么这些"画"不够好。

儿童对花谢了说"不"，对鱼在游说"不"，对擦掉接口没画好的圆说"不"，对发型赞美说"不"，对不及格说"不"，对"2+2=5"说"不"，对"2+2=4"说"不"……

说不，是说更确定的是！否定，就是最大的生产力！这或许就是"用儿童定义儿童"的真意吧！

是用儿童定义儿童，还是不用儿童定义儿童？没有权利说："为我反抗，然后每个人的最后解放终会来临。"但是我也不同意这样的说法："反抗没有用，结果还不都一样。"

当儿童"异数"出现时，我对之表示尊重——用儿童定义儿童；当权力侵犯"用儿童定义儿童"时，我坚决不妥协。这是一个简单的选择，但却是一项艰巨的工作。这就是我的工作。我既不是第一个，也不是最后一个，更不是唯一一个这么做的。

第四章
整本书阅读教学创意

CHAPTER 4

第一节
创意主张

整本书阅读，为什么

一日笔者参加了某校的整本书阅读交流活动，互动环节，对话活跃。

第一位老师直言："隔一阵子，教学就抽一阵子疯儿。这不，又闹腾'整本书阅读'。为什么？"

恐怕持有这种疑惑的，远不止这位老师一人。

是的。整本书阅读，为什么呢？

我倏地想起了塞缪尔·约翰逊的"坦言"："任何一个精神健全者都不会从头到尾读完一本书。"

这位老师一听，很高兴；其余老师一听，很惊愕。

"约翰逊这个人善于挖苦讽刺，讲话不怕夸张的。"我话锋一转，"他这句话的前提是，你的阅读已经具备了一定量的基础，所以读书得聪明点，要根据自己的知识偏好、阅读目的和阅读时间对书的内容有所取舍。从这个角度看，约翰逊的话有一定道理。但是，从另一个角度看，小学生由于年龄之故，一般是读不了几本书的，如果也用这个话来安慰自己，就不是精神健全而是懒了。"

读书，读到一定程度，一定是"在己，不在人"。所谓"在己"，兴趣使然，读书可以是很任性的事情，不必听什么指导与指挥，凭天性选出兴趣相投的书。所谓"不在人"，读书不为他人布置的作业、组织的竞赛、设置的应试等功利做派驱遣与奴役。当然，做到这点很难，特别是对于作为弱势群体的孩子而言,端谁的碗要服谁的管。

我把上面的想法与老师们交流时,第二位老师叩问:"一篇课文能读好就不错了,还读整本书。时间从哪里来?"

其实,整篇文章阅读与整本书阅读,是见树林,还是见森林的问题。不论整本书阅读,还是整篇文章阅读,无疑都得一个字、一个字地读。这需要时间,也考验读者的持之以恒。至于时间,它是个定值。时间涉及分配与利用的问题。时间是个看似问题而又不是个问题的问题。我们每个人都有自己不同的读书习惯和方法,读书是一件无比个人的事情。旅行可以毫无目的,阅读为何一定要有方向?只要我们盯着本质,把语言层层剥开直至露出骨头,以便靠近一种无法企及的语言。书中一定有某种东西,某种甚至"超越"语言的东西。"超越"语言,那当我们撇开人物和故事,在一本书里,还剩下什么呢?还剩下作者,还剩下一种孤独,一声呼唤——人的呼唤、对倾听的呼唤。我们听到了呼唤,就够了。

"整本书阅读,有什么用呢?考试能考到吗?"第三位老师的发问更直接。

在我看来,读书,是在不断地成为……

当然,在短时间内,文字无法帮助我们战胜什么,就像奥登曾说的,"诗歌不能使任何事情发生",他所表达的实质是文字世界的纯洁、封闭、脆弱和对现实世界的无力。

有人根据"风向标",大喊一嗓子——"读整本书"。喊声越高,越让孩子心焦——似乎喊声的后面藏着点什么。如果藏着应试教育与急功近利,索性不要让孩子读书更划算。

常识告诉我们,读一本书,肯定不如大炮和机器更能产生直接的和即时性的效果,但前者关乎的是灵魂,是我们的观念世界,是我们的审美趣味,是我们对善的耐心和对自由的积极性,是我们对人性和世界最起码的关怀和判断。因此,马修·阿诺德说,读可以拯救我们。布罗茨基说得更透彻:"个人的美学经验愈丰富,他的趣味愈坚定,他的道德选择就愈准确,他也就愈自由。"更关键的是,"与一个没读过狄更斯的人相比,一个读过狄更斯的人就更难为着任何一种思想学说而向自己的同类开枪"（布罗茨基《文明的孩子》）。陀思妥耶夫斯基在《卡拉马佐夫兄弟》中说得更中肯："无论事业多么伟大，只要引起孩子的一滴眼泪，那么我就不做。"无论多么高尚的事业，只要学生的天性与个性被压制，兴趣与情趣被泯灭，人性与创造性被阉割，那么我们就要斗争到底。我们所生存的世界着实是越来越荒诞了，但我们能做的，是不要参与制造这种荒诞，虽然这十分困难。因此，阅读作为一种批评甚至反抗的形式，将是时代留给我们的使命。

阅读整本书的好处是体现在"没有它时"那个层面上的。

"那么，关于整本书阅读，能否给我们点建议？"第四位老师很坦诚。

如果我们没有整本书阅读，就不要和孩子谈怎样阅读整本书。我们这个教学时代的典型特征是，平庸的心智尽管知道自己是平庸的，却理直气壮地要求平庸的权利，并把它强加于自己触角所及的属于孩子的一切地方。显然，这对孩子是不公平的。

如果我们阅读了整本书，还要会对语言进行品味。洞悉品味的优点在于：它能迅速且敏锐地发现文字中的每个事物带给人类快乐的本质。为了让我们的内心兴奋起来，必须让才智流遍神经。也许变化即将发生。只有两件事是重要的：休息与自由。自由的生活，总是处于边界。阅读整本书的教师，应是一个自由人。

"一个自由人"，懂得与学生交往的秘诀：我尊重你阅读的自由，也保留不和你共读的权利。哪怕我们是师生。

"一个自由人"，懂得整本书阅读的奥义：文学就是与苦难调情，使苦难变得迷人，产生出极端的欣悦，从而超越苦难。……艺术不是用来规训人们回到真实生活之中的，而是用来放纵人们游离于真实生活之外的。其实，从根本上说，我们的生命就是对痛苦既压制又发掘的产物，一方面在本能上逃离痛苦，另一方面又在精神上捍卫痛苦，保持遭受痛苦的刺激和再生产。有道是，对痛感的体验，对悲剧感的阐释，使得我们的生命从自然状态中走出来，我们的精神生命才得到了呈现。

我整本阅读《小王子》，小王子告诉我，人最重要的东西，最本质的东西，是眼睛看不见的。其实我觉得，不仅如此，世界上最重要的声音也是耳朵听不见的。你曾听见过耳朵没听见过的声音吗？莫扎特的音乐世界阳光温暖，惠风和畅，天空覆盖着大地，大地承载着万物，自古以来就是这样，不仔细听，好像没有任何声音，而所有声音其实都在里面，没有压抑，没有抗拒。声音像苏东坡所谓的万斛泉源，不择地皆可出，因为不择地皆可出，所以十分自由。

我整本阅读《观念的水位》，刘瑜在书中提到一个说法：知识一般分为三种——你知道的，你不知道的，你不知道你不知道的。她真是善良……其实还有第四种：你不愿、不想知道的。有些知识你觉得知道了也没用，又可能让本来就不轻松的日子愈加沉重，所以宁愿把头插到沙子里。所以，这是现实版的读书无用。

整本书阅读的文学"标准"当然有很多，其中一项并非不重要：一篇东西读下来，如果不能使人忘记或忽略它要么想竭力呈现、要么在背后起框架作用的那些既定观念，它便不能算成功的文学作品。依靠自身质感所变异出的强大渗透力，好作品总会瓦解已有的身份与界限，挑战稳靠性，重新改写成为文本事件的句法结构。好作品带给我们的，应该是一条还未走的路，而不是一扇已关上的门。

无论是老师，还是学生，无论你正在读，还是将要读整本书，我们都是在改变文化的沙漠。一如博尔赫斯所言："在离金字塔三四百米远的地方，我俯下身，抓起一把沙子，任由它在稍远处安静地流淌下去，我轻声说：我正在改变撒哈拉。我做的事微不足道，尽管这些词汇平淡无奇，但它们是准确的，我想我需要一生的时间将这些词说出。"

读书，不妨任性而为

读书对我而言，是一件从任性而为中培养出的爱好。

我任性地认为，读书是必须的。世界很大，但书最大，因为书能让世界变小，让我们长大。一本书是表达出来的生命，是生命的一次增长。

书是我的路，也是我的运，每一本书都是我往上走的一个台阶。

读书于我，是心灵感应，是灵魂与灵魂对话。爱读书的人是会发光的人，是最可爱的人，是传播文明的人，是建立秩序的人，是让世界充满爱、让世界变得更加美好的人。

读书，并不仅仅是为了求知，还应在"无用处寻有用"。动辄规定该读什么书，大可不必，可以随着性子来，这也是为数不多、没有办法追求高效的事，风吹哪页读哪页，能读多少读多少。

"你正在阅读的书，对于你的意义，只有你自己才是最好的裁判。"如今回忆起来读过的书里，对自己最有益处的，往往是那些发自内心想要读的书，甚至有些是偷偷摸摸完成的有兴趣的阅读。

有兴趣的书不一定要高深。现在有些人批评人家读书，说你读的这种书都是垃圾，太简单了，要读，就读有深度的。不要太过轻易相信这种话，并不是每个人都时刻准备好去读这种书。比如美国普林斯顿大学的一个高材生，之前一直都是做苦功式地读，为了别人而读。他要把自己倒带回去，回到过去，像幼稚园小孩一样为了快乐读书。读什么呢？他居然读了美国小学生才在读的《顽童流浪记》，然后读了《孤星泪》《远大前程》。这么一路读下来，他才总算知道，读了几十年的书，有了了不起的学术成就，阅读的乐趣究竟在哪里。

读书本身就可以是很任性的事情，不必听什么指导，阅读显然总是有"缘分"这回事的。什么时候刚好读到一本书或一篇文章，本是寻常的阅读，却忽然跳出一段文字，刚好切合此时此刻的一些想法或是一些感觉，于是被深刻地撼动，好像阅读的时间顺序被暗中设定了某组"程式"，不会过早读到它，也不会太迟，就是刚好，于是唤起了某一种层次的读书趣味。从这一角度而言，就是凭天性选出兴趣相投的书，挑自己喜欢的书，遇到自己喜欢的作者，从中顺藤摸瓜延展出更多兴趣，建立自己的阅读体系。

比如喜欢上简·奥斯汀的《傲慢与偏见》，对英国女作家产生了浓厚的兴趣，继而开始去读艾米莉·勃朗特、夏洛蒂·勃朗特和乔治·爱略特，星光般羸弱的女性文学陡然跳上巅峰，后来又读伍尔夫，继而又延展到狄更斯的《双城记》《雾都孤儿》。除了看到女性在这一时代追求独立，以自由精神站稳脚跟，又通过狄更斯了解到工业革命中城市的巨变、拜金主义、资本主义的盛行。

当然，基于文学也会爱上这一时期的艺术，知道了这个时代有个伟大的风景画家叫特纳，在他之前有拉斐尔前派，与他比肩的有康斯坦布尔。还知道这个时代有个伟大的建筑师叫约翰·索恩爵士，不但为英格兰银行修建了一片圆顶建筑群，还把自己的家设计成了博物馆。

如今在线上阅读冲击下，许多传统书店已经纷纷倒闭，电子设备无处不在、无孔不入，人们时时刻刻可以在手机、iPad、Kindle上读书，随时可以在网上下单，何苦专门跑到书店去。

可是去书店触摸着一本书，凭着冲动买回家的那种感觉仍让我迷恋。对于一本好书，我总是这样，喜欢尽量地与它保留一段时空，让想象中品读的快乐在我心中无限洋溢、膨胀，让占有的欲火尽情地燃烧，直到最后一刻。

每个人都有自己不同的读书习惯和方法，读书是一件无比个人的事情。正如每个人的身体状况不同，因此需要补充的营养元素不同。我想说的是，在思考自己要读什么书之前，最好问问自己：我关心的到底是什么问题？因为只有真诚的问题意识才能将你引向真诚的阅读——阅读如此美好，任何虚荣心的杂质都是对它的玷污。

在任性的无意识中，每个人都可能摸索出一条读书水脉，虽然弯弯绕绕，却也滋养自己。个人的体会或许微不足道，却希望跟你能有一刹那，相互闪耀。

整本书阅读究竟要怎样教

如果"我必须重复自己，我别无他选，因为如果我不重复别人的话，我只有重复自己"，那么，这个时候该慢下来，想一想了，想一想整本书阅读究竟要怎样教。

一、教师可以自己选教材

除了法定的教材，课程标准还鼓励教师可以自己选教材。自己选教材，要选择经典。譬如，读绘本，首选获得国际大奖的。教师应该了解目前国际著名的绘本大奖主要有以下七个：（1）美国凯迪克大奖；（2）英国格林威大奖；（3）国际安徒生奖画家奖；（4）德国绘本大奖；（5）博洛尼亚国际儿童书展最佳童书奖；（6）布拉迪斯国际插画双年展大奖；（7）波隆那国际儿童书展最佳选书。并且，要知晓每一个大奖中又有哪些经典绘本。譬如，获凯迪克大奖、我们熟悉的绘本有《大卫，不可以》《三只小猪》《菲菲生气了——非常、非常生气》等；获英国格林威大奖的绘本有：《虎皮毯子》《宝儿》《和甘伯伯去游河》《圣诞老爸》等。

二、学生应该读真实的书、完整的书

我们不妨选用小说来进行语文教学。读小说是读真正的书、完整的书，因为小说与学生生活更接近，更容易引发他们的思想共鸣，而且小说中多色调粗粝的社会生活画面以及对人性的深度揭示，可以提供思考的张力和探索的空间，有助于培养学生的批判思维，发展其独立人格。记得有个老师曾说："我不赞成用课本，是因为我觉得要培养学生的阅读能力和欣赏能力，就应该让他们读'真正的书'。你说，哪一个成年人会去读课本？你到咖啡厅里能看到一个读课本的人吗？都是在读与课本不同的'真正的书'。我的班级就像一个社会，每个学生就是一个社会成员。学生应该读'完整的书'，才能更好地成长。小说是一种原生态的信息文本，不像语文课本，是经过加工和解释过的，而且课本规定了教学内容和方法，比较死板，束缚也大，缺少真正阅读的目的性……我要保护青少年幼稚的心灵，让他们对社会上的事情有分辨力和批判性，有同情心和多元价值观。"

三、学生有必要每周研读一本书

把读整本书当作一门课程，按照教学计划，根据教学主题安排学生集中精力每周研读一本书。当然，学生的阅读速度不一样，有的学生一晚上就能读一本，有的永远都读不完。所以，选书不妨让学生选他们自己喜欢的书。一般没有多少学生完不成，就算完不成，至少他们也已经知道书中基本的意思。实在不行，就让他们听朗读版或者参加小组讨论。如果有人不喜欢又找不到自己喜欢读的，就告诉他们："学会读书也是一个人成长的过程，成长就要学会接触一些不太感兴趣的东西。"

四、应该重视精读能力与批判思维

整本书阅读教学方式很多。譬如"主题式"，要围绕着教学主题展开，教学主题为阅读提供了研读思考的立足点和聚焦点，提示了学习的重点和方向。又如"研究型"，阅读的过程是研究的过程，是面对阅读中真实的问题、互动互助、质疑探讨、形成新思想的过程。在这样的阅读中注释是研究，讨论是研究，做海报是研究，最后写大作文还是研究。再如"小说阅读"，以小说为基本阅读对象和教学载体，借助小说开展读写活动，通过阅读研究提高思维能力，让学生发现自我，敢于质疑，认识人生。

（1）重视文本精读，常用做批注、填表格等方法梳理情节，把握细节，深耕文本。所谓批注，就是把对原文关键处的感受、理解、评价和质疑写在便利贴纸上，粘在原文旁边。

老师也可以设计一些图表帮助学生完成批注，比如从三个方面设问，要求学生自问自答，深耕文本：一是，作品中什么让我觉得出乎意外？二是，作者认为读者已经知道了哪些内容？三是，在阅读过程中哪些内容证实或颠覆了我原来的猜想？每一个问题，老师都提供相应的语句格式，要求学生运用所提供的语句格式，概括原文中的关键情节和细节，让学生在阅读中得到思维与语言表达的双重训练。

（2）重视批判性思维的培养。教学中要注重讨论，无讨论不成课。

讨论的内容广泛，可以是小说的主题，可以是小说的人物形象，可以是小说的关键情节，也可以是表现手法。针对文本细读中发现的问题，以任务为驱动，展开头脑风暴，在互动碰撞中，让文本生发出丰富的创意。曾看过美国老师上过一节课：《你读的小说中的人物会把选票投给谁？》。那是2016年3月中旬的一天，美国大选如火如荼。那节课上，老师事先选择了五位总统参选人——希拉里、川普、桑德斯、卢比奥和克鲁兹，并且从"移民问题""难民问题""社会问题""对外武力干预"和"领导风格"等方面概括介绍每位参选人的特点，一人一张大海报，悬挂在教室墙上，要求学生阅读五位参选人的海报，选出自己阅读的小说中的人物，推断他可能会给哪位候选人投票，并把理由写在便利贴纸上，粘贴在对应的海报上。

学生很兴奋，纷纷写下自己所读小说中人物所投的票，然后聚集在参选人的海报前，议论纷纷。学生们认真听，认真申辩，认真反驳，好像真是在投票一样，没有人觉得这只是一次虚拟的语文活动。

活动结束后，老师追问学生：你是否同意同伴的决定？为什么？然后让学生反思这个活动对自己的帮助。

这节课展示了老师阅读教学的追求，即在真实的情境中提出问题，让阅读发生，不仅检验了学生阅读的成果，培养了学生把作品与现实相联系的融会贯通的能力，也展示了他们实践批判性思维课程的功力。

对于千课一面、满脸皱纹的整本书阅读教学，一定要背叛。请在整本书阅读教学创意的时空中，格格不入地活得飞扬跋扈。教师要有一根反骨，和时光对抗，和一切于生命健康成长不利的元素对抗。

第二节
创意做法

提高孩子整本书阅读兴趣的小心机

每个老师可能都会有各自的方法来提高孩子的整本书阅读兴趣。下面笔者就来分享一个提高孩子阅读兴趣、找准书的小心机。

某位老师曾经给小朋友读过一本非常古灵精怪的童话书《恐龙恐龙变变变》，里面讲述恐龙变成各种各样意想不到的生物——班主任龙、图书馆龙、马桶龙……小朋友听得如痴如醉！

因为时间原因老师安排每天只读三种恐龙，其他的时间书都放在教室前面的白板前面。

从那天起，每天只要有空闲时间，就会有小朋友问老师借这本书，后来因为太过于抢手，老师不得不设置每个人的阅读时间，时间一到，就要传给下一个小朋友。

为什么这本书这么火呢？因为老师只读了前面几种恐龙，把他们的兴趣勾了起来。然后老师把这本书放在显眼的位置，所以小朋友只要一看到就迫不及待猜想下一个动物是什么，等不了老师来读啦！

除此之外，老师还常常把一些新书拿出来，跟小朋友介绍一下封面，放在白板前面。每天上课的时候孩子们都能用余光瞄到这些书，果不其然，过不了多久，就有小朋友来借书了。

那么，有心机的老师，如何来做书的广告呢？四部曲，很简单。

（1）选择一本书。

（2）从书中选择一节内容来分享。没有固定的模式，通常是选比较有意思的部分，并且留下一个悬念，剩下的，就由学生自己探索啦！

（3）一定记得不要把书全部读完。不管小朋友再怎么央求你读完，都要坚持留下让他自己读的部分。

（4）把书放到某个显眼的位置。当然，也有可能你刚把书放下就被如饥似渴的小朋友抢走了。

试想一下，每个星期做三个广告，一年下来你就可以做120本图书的广告！到底有多少贪心的小书虫会上钩呢？

当然，广告若想做得到位，还得先做一番市场调查。老师的小心机广告也是一样，要先对孩子做一下阅读兴趣调查：你的阅读习惯是什么？你喜欢读哪方面的书？关于动物的？关于运动的？还是好玩的？

按照体裁划分，可以有神话、诗歌、童话，也可以按照话题划分，例如艺术、人物、友情、超级英雄等等。当然，还可以分得更细。

详细的阅读调查能帮助老师更好地了解孩子的阅读习惯：喜欢小组读还是自己读？喜欢写人的还是写动物的？喜欢小说还是非小说？

"新美南吉"带给你的众多感应

他说："假如几百年、几千年后，我的作品能够得到人们的认同，那么我就可以从中获得第二次生命！从这一点上来说，我是多么幸福啊！"无疑，他是幸福的。其童话《狐狸阿权》活在了日本中小学课本里，《去年的树》活在了中国小学语文课本里。

他，就是"日本的安徒生"——新美南吉。

南吉出生于爱知县半田市，原名渡江边正八，八岁时成为了外祖母家的养子，改姓新美。从小就喜欢写文章的他，14岁起便开始创作童谣，16岁创作童话，以笔名新美南吉发表作品，18岁时在《红鸟》上发表童话《小狐狸阿权》，从此，登上了儿童文学界的舞台。天妒英才，肺结核终止了新美南吉30岁的生命,像一棵没有活过多少年的树,倒下的时候也没有许多人听见。但他那棵树却结下了不少果子:123篇童话,57篇小说,332首童谣,223首诗歌,452首俳句,331首短歌,14部戏曲,17篇随笔。这些富有美好想象的"果子",带着纯美、清浅、温婉的抒情况味,不仅饮誉日本,而且举世闻名。可以说,这些累累硕果既是民族的,也是世界的;既是儿童文学的,也是整个文学的。设若把他放到辉煌的世界文学之林,他既不会输给安徒生,也不会输给普希金和托尔斯泰,甚至不会输给从未写过儿童文学的莎士比亚。

那么,我们怎样从"创作特色、作品特点、艺术感染力"来品新美南吉之"果"呢?见仁见智、言人人殊,一百个读者,就有一百个新美南吉。囿于篇幅,笔者就从"新""美""南""吉"四字切入:

一、"新"

"新"在童心。

南吉心里装着孩子:"应该想到童话的读者是谁。既然读者是小孩而不是文学青年,那么今日的童话就应努力回归到故事性上。"遇见他笔下那柔软的雪地、洁白的山茶花、可爱的狐狸、高兴了就会钻到水里的水鸟……真诚恳挚的清明心境、暖暖的人性光辉、万物生灵的博大爱心等种种神圣的力量就会浸润到心底。南吉"新"在童心:在《喜欢孩子的神仙》里,"13个孩子一起伏低身子,把圆圆的小脸印到洁白的雪地上,雪地上因此出现一行行圆圆的脸印","13个孩子,14个脸印,一定是那位从未现身的神仙"。于是,孩子们玩起"捉神仙"的游戏……如此天真可爱的孩子,如此充满魔力的童话,如果没有一颗和儿童相通的心灵,又怎么写得出来呢?

二、"美"

"美"在对话。

瞧一瞧《小狐狸买手套》是怎样对话的。这篇童话里的人物关系有四对:小狐狸和狐狸妈妈,小狐狸和手套店老板,狐狸妈妈和村民,还有某户人家的妈妈和孩子。这四对人物关系是两两成对的，两对孩子和妈妈是一组，小狐狸和手套店老板以及狐狸妈妈和村民是另一组。两对孩子和妈妈之间的关系是相同的，亲子之间互相关爱，交流对话非常顺畅。所以，小狐狸在听到窗户里传出的母子之间的对话时，会联想到自己和妈妈，因为这两对的关系是相同的，这也就更坚定了小狐狸认为人类善良的印象。而另外一组——小狐狸和手套店老板、狐狸妈妈和村民，两者的关系却恰好是相反的，形成了一个鲜明的对比，这也是文章所要讲述的重点。归根结底，《小狐狸买手套》这个故事之所以能够发生，正是狐狸妈妈跟人类的交流对话失败所导致的，而这个故事能够顺利结尾，正是因为小狐狸和人类的交流对话相对成功所成就的。换言之，《小狐狸买手套》这个故事的主题正是讲述如何跟陌生人，或者说如何跟与自己不同的人交流对话。

  类似的情景，在新美南吉的童话里还有很多，像《乡之春山之春》中，小鹿和老和尚之间充满禅意的对话；《一年级小同学和水鸟》中，小同学们和水鸟之间真诚的对话；《红蜻蜓》中，小姑娘和红蜻蜓之间相互喜爱和信任的对话……这些都是新美南吉心目中所渴望的积极对话的美好画卷。书中万物都在对话，生命意味着对话。生命的熙来攘往，藕连着生命主体喋喋不休的对话。万类生生不息，对话绵延不止。

三、"南"

  "南"在指南。

  南吉童话指引人向善。《八音钟》里，做尽坏事的周作和单纯少年清廉同行一段路，就改邪归正了；《花木村和盗贼们》中的盗贼，因为一个小孩的信任就复苏了人的善心；《猴子和武士》里开始抢着要杀猴子的五位武士因为看见猴子生病了照顾它，最后再也没有人愿意杀它了；《盗贼和小羊羔》里偷了小羊羔的盗贼，因为看到小羊羔的可怜相，最后忍着饥饿，把小羊羔送回到羊妈妈身边……人，生下来都是善良的，所以应该相信爱的力量，对他人多一份体贴和关怀，少一些歧视和怨恨，让我们眼里的坏人回归人性，重新感受爱的温暖。正如南吉所说："这样说起来，只有心地善良的人，才能住在村庄这样的地方。"我也宁可相信现在无论在小村庄里、镇上，还是城市里，都只住着心地善良的人。让善良的人活在更多善良的人中间。

四、"吉"

"吉"在大爱。

最大的爱，就是母爱。母爱使生命得以存续。在《小狐狸买手套》《蜗牛》等作品中，都能感受到浓浓的母爱，体会到深深的母子情，也可以看出南吉讴歌伟大母爱的情怀。"说着，小狐狸就把两只冻得红扑扑的小湿手，伸到了狐狸妈妈面前。狐狸妈妈一边呼呼地朝小狐狸的小手上哈气，一边用自己温暖的手把小狐狸的手包了起来，说：'马上就暖和了！摸过雪的手，马上就会暖和过来的。'"多么温馨的画面呀！让我想起冰心奶奶的文章："有一次，幼小的我，忽然走到母亲面前，仰脸问说：'妈妈，你到底为什么爱我？'母亲放下针线，用她的面颊，抵住我的前额，温柔地、不迟疑地说：'不为什么——只因你是我的女儿！'"

翻开"新美南吉"，读着读着，你如果发现自己很"在乎"——在乎文字的清澈，在乎自己的童心，在乎能否处理好自己与一棵树、一株花、一只蝴蝶、一只狐狸的关系，在乎这个世界能否可以变得更好一点，即便故事是假的，但它带给你的众多感应，永远都是真的。

《哈利·波特》整本书阅读创意设计

课程对象：六年级学生。

课程目标：归纳概括整本书的内容梗概，培养批判性思维，全面深入剖析文章内容，全方位提高阅读能力。

课程内容：利用思维导图读《哈利·波特》，学习小组互动精读。

（1）精读。

大难不死的男孩

家住女贞路4号的德思礼夫妇总是得意地说他们是非常规矩的人家，拜托，拜托了。他们从来跟神秘古怪的事不沾边，因为他们根本不相信那些邪门歪道。

弗农·德思礼先生在一家名叫格朗宁的公司做主管，公司生产钻机。他高大魁梧，胖得几乎连脖子都没有了，却蓄着一脸大胡子。德思礼太太是一个瘦削的金发女人。她的脖子几乎比正常人长一倍。这样每当她花许多时间隔着篱墙引颈而望、窥探左邻右舍时，她的长脖子可就派上了大用场。德思礼夫妇有一个小儿子，名叫达力。在他们看来，人世间没有比达力更好的孩子了。

德思礼一家什么都不缺，但他们拥有一个秘密，他们最害怕的就是这秘密会被人发现。他们想，一旦有人发现波特一家的事，他们会承受不住的。波特太太是德思礼太太的妹妹，不过她们已经有好几年不见面了。实际上，德思礼太太佯装自己根本没有这么个妹妹，因为她妹妹和她那一无是处的妹夫与德思礼一家的为人处世完全不一样。一想到邻居们会说波特夫妇来了，德思礼夫妇会吓得胆战心惊。他们知道波特也有个儿子，只是他们从来没有见过。这孩子也是他们不与波特夫妇来往的一个很好的借口，他们不愿让达力跟这种孩子厮混。

我们的故事开始于一个晦暗、阴沉的星期二，德思礼夫妇一早醒来，窗外浓云低垂的天空并没有丝毫迹象预示这地方即将发生神秘古怪的事情。德思礼先生哼着小曲，挑出一条最不喜欢的领带戴着上班，德思礼太太高高兴兴，一直絮絮叨叨，把唧哇乱叫的达力塞到了儿童椅里。

他们谁也没留意一只黄褐色的猫头鹰扑扇着翅膀从窗前飞过。

八点半，德思礼先生拿起公文包，在德思礼太太面颊上亲了一下，正要亲达力，跟这个小家伙道别，可是没有亲成。

（2）练习。

快速写作：在你的印象中，你记得最好的庆祝活动是什么？你在庆祝什么？你的感觉怎么样？

判断正误（对打"√"，错打"×"）：

①德思礼先生在开车上班的路上看见了一只狗正在看地图。（　）

②德思礼太太假装她没有一个姐妹。（　）

③哈利的父母莉莉和詹姆·波特都去世了。（　）

④在他父母死后，哈利·波特被邓布利多收养了。（　）

⑤整个英国，每个人都在庆祝伏地魔死了。（　）

（3）阅读理解第一个事件。

①事件：伏地魔杀死了詹姆和莉莉，但是却杀不死他们的儿子。他失去了魔法并且逃走了。

②关于人物刻画。

人　物	情感描写	动作描写
巫　婆		
德思礼		
邓布利多		

（4）选10个重要事件做成一个流程图。

故事梗概

夏天开始了。这是大学前的最后一个夏天。	碧去了足球训练营，莉娜上了艺术课，蒂比待在家，卡门照顾瓦利亚。	卡门发现他妈妈怀孕了，妈妈情绪很低落。	瓦利亚滑倒了，拉伤了韧带。	卡门赶往医院。
在医院里卡门遇见了温因。	卡门在医院里花了很长时间并且爱上了温因。	卡门劝说阿里道：瓦利亚应该回到希腊。	女孩们都去沙滩享受一个女孩的周末。	夏天结束了，女孩们认为她们永远都会是好姐妹。

（5）比较书中的两个人物。

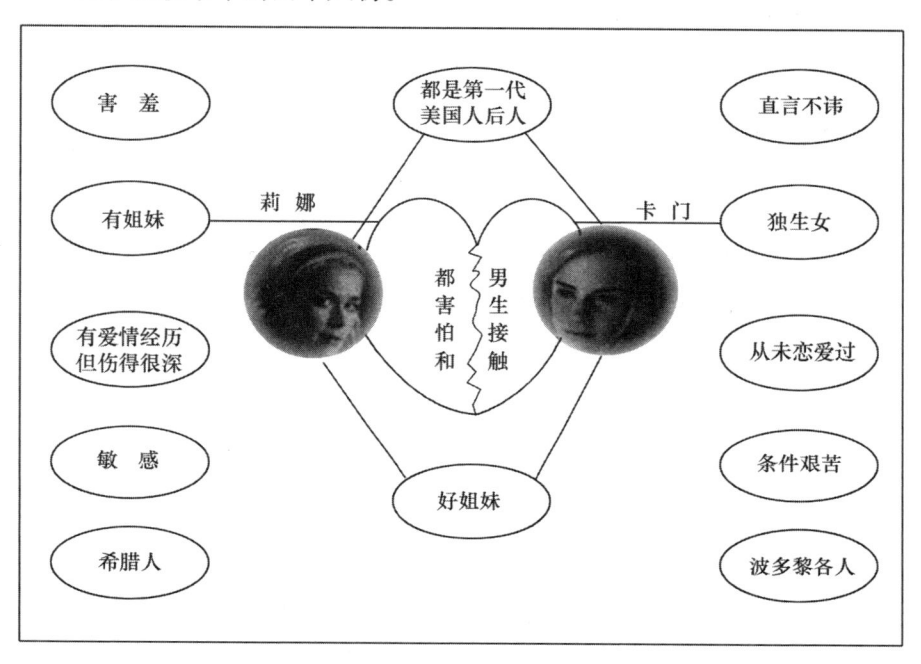

莉娜
- 害羞
- 有姐妹
- 有爱情经历但伤得很深
- 敏感
- 希腊人

卡门
- 直言不讳
- 独生女
- 从未恋爱过
- 条件艰苦
- 波多黎各人

共同点：
- 都是第一代美国人后人
- 都害怕和男生接触
- 好姐妹

第四章　整本书阅读教学创意　185

第三节
创意案例

听 书
——《小王子》解读

风靡全球、畅销不衰的《小王子》是译本最多的法国文学名著。它是法国作家圣-埃克苏佩里在1943年出版的一部小说，是他"为大人们写的童话故事"。当然，它也深受世界各地儿童们的喜爱。作者在献辞里写道："……如果所有这些理由仍嫌不足的话，那么我愿把这本书献给长成了大人的从前那个孩子。所有的大人原先都是孩子（但他们中只有少数人记得这一点）。"

《小王子》自诞生半个多世纪以来，已经成为20世纪流传最广的童话，被译成100多种语言，电影、唱片，甚至纸币上都可以看到本书的影子。该书至今全球发行量已达五亿册。

《小王子》讲了一个什么样的故事呢？为什么说它是圣-埃克苏佩里"为大人们写的童话故事"？作者又为什么创作了它呢？

《小王子》的叙述者是个飞行员，他在故事一开始告诉读者，他在大人世界找不到一个说话投机的人，因为大人都太讲实际了。接着，飞行员讲了六年前他因飞机故障迫降在撒哈拉沙漠遇见小王子的故事。神秘的小王子来自另一个星球。飞行员讲了小王子和他的玫瑰的故事，小王子为什么离开自己的星球，在抵达地球之前他又访问过哪些地方——转述了小王子对六个星球的历险，他在历险过程中所遇见的国王、爱虚荣的人、酒鬼、商人、点灯人、地理学家、蛇、三枚花瓣的沙漠花、玫瑰园、扳道工、商贩、狐狸，以及该书的叙述者飞行员本人。

飞行员和小王子在沙漠中共同拥有过一段极为珍贵的友谊。当小王子离开地球时，飞行员非常悲伤。他一直非常怀念他们共度的时光。他为纪念小王子写了这部小说。

通览圣-埃克苏佩里的作品，可以发现，几乎所有的作品都是与其职业——飞行员有关。因此，他的许多作品，如《南方邮件》《夜航》等，虽然部分章节写得优美有诗意，却更带有一种刚毅之气，体现一种伟大的精神，总体上说笔调是硬朗的。而《小王子》的主角却是一个有着金色头发的忧郁温柔的小人儿，整部作品自始至终洋溢着温馨的诗情。作品在美国出版后，评论界和读者顿时哗然：一直写飞行员题材的作家在第二次世界大战烽火连天、血肉横飞的年代，却大改其创作风格，塑造了一个虚无缥缈的小王子形象！这不能不令人好奇。作者为什么要创作这部童话风格的作品呢？又是什么使他大改其风格呢？对《小王子》诞生的背景进行分析，大概有如下三个原因。

第一，硬汉柔情。圣-埃克苏佩里这位外人眼中的硬汉子却有着敏感细腻的内心和忧郁柔曼的个性。虽然这位勇敢的飞行员敢于驾机翱翔于天际，克服常人难以想象的困难，开辟数条新航线，但他的性格在儿时很大程度上受到他母亲的影响，也有温柔的一面。他母亲说："安东尼小时候曾刻意绕道而行，以免踩到蝴蝶的蛹，而且爬到无花果树上与斑鸠做伴……"此外，身材高大，外表刚毅的圣-埃克苏佩里还充满童真，非常喜欢孩子。虽然自己没有子女，但他喜欢一大群小孩围在身边，他到他妹妹阿盖家时，总会陪外甥、外甥女玩上好几个小时，孩子就寝前，他会说故事、唱歌，再不然就拿纸牌变把戏，陪大家下棋。由此也可以看出这位硬汉的柔情。圣-埃克苏佩里心中一直有一个儿童的世界，创作《小王子》时，他已过不惑之年，几次经历人生的大起大落后，他更加怀念心中的那个童真世界，这是《小王子》创作的特定背景之一。

第二，反思婚姻。圣-埃克苏佩里的《小王子》也是作者对自己婚姻反思的结果，他的妻子康苏罗实际上就是主人公小王子身处异乡时时牵挂的玫瑰的原形。1931年圣-埃克苏佩里与康苏罗结为伉俪后，因为两个人性格上差异较大，曾一度陷入婚姻危机，但两个人一旦分开，又会彼此依恋和想念，谁也无法放下对方。创作《小王子》时，圣-埃克苏佩里与康苏罗给了彼此最后一次机会，两人再度住在同一屋檐下。此时作者才终于明白了，他与康苏罗经过多年的风风雨雨，彼此之间已经建立了唇齿相依的情感，将两人永远联系在一起。虽然后来两人之间的矛盾再度激化，但他已经将这种婚姻关系的思考化进了《小王子》的创作中。圣-埃克苏佩里的作品大都描写男性世界，只有路易丝与康苏罗两位女性曾成为重要女主角，路易丝是他第一本小说的女主角，而康苏罗出现在他生前付梓的最后一本书——《小王子》中，康苏罗就是书中的玫瑰。显然，《小王子》包含了他的思考，小王子与玫瑰的关系，正是他与妻子关系的真实写照。

第三，"二战"的影响。除作者的个人原因外，影响《小王子》创作的还有当时正酣的"二战"。《小王子》创作于1942年，出版于1943年，此时"二战"正进行到最为关键的时刻。1940年法国战败，随之欧战开始，圣-埃克苏佩里曾应征入伍，参加空军侦察行动，目睹法国空军溃败。维希政府与希特勒签订停战协定后，他复员沉默彷徨了一段时间，辗转北非、葡萄牙来到了美国。因为他的《人的大地》在美国被评为当年最有特色的非小说文学作品，销出25万册，备受欢迎，他应纽约出版界邀请来领奖，从此流亡美国28个月。

《小王子》中虽然充满了童真、幻想，有着淡淡的哀愁和忧郁，但也不得不承认，它字里行间更充满了尖刻的讽刺和批判，这是作者内在心情的宣泄。这不能说与作者所处的"二战"环境没有关系。可以说，小王子世界的美与丑，也寄托了作者对现实的观察和美好向往。

另外不得不说的是作者与他母亲的关系。由于漂泊异乡，作者与他一直精神上依赖的母亲断去联系，生命顿时失去依靠。从小学起，圣-埃克苏佩里总是依赖母亲情感上、精神上的支持。他曾在一封信中给母亲写道："我是多么想在您的臂弯中待上几个月，我的小妈妈，我的老妈妈，我温柔的妈妈，在您壁炉旁的角落里，向您倾诉我的所有想法，尽量反驳您，听您对我说话，您在生活的每个方面都如此的明智。"可是此时他却与母亲天各一方，通信几乎完全阻绝，在作者备感孤独、沮丧的时候，往往就在童年回忆中寻求慰藉。这也是《小王子》形成的一个原因。

《小王子》这部童话虽然只是作者用三个月一气呵成的作品，却有着深刻的创作背景，那么如此说来，《小王子》到底是一部什么样的书呢？还是不是童话呢？

简单地看，《小王子》确实是一部童话，并且是一部篇幅不长的童话，它讲了一些虚构出来的事情，刻画了一些现实中不存在的人物，充满奇思妙想，深受世界各国儿童喜爱。正如法国评论界认为的，它是一部充满诗意的童话，体现了作者对友情的眷念。

然后也正如出版《小王子》美国学生版的约·米勒所说："《小王子》属于这种类型的书……它使孩子和成年人都喜欢。作品所刻意追求并表现出来的想象力、智慧和情感，使各种年龄的读者都能从中找到乐趣和益处，并且随时能够发现新的精神财富。"《小王子》因此是一部从9岁到99岁的人都能阅读的书。它用孩子的语言和思维道出了惊人的智慧，在其富有诗意的淡淡哀愁中蕴涵着一整套哲学思想。

可以说，在《小王子》中，儿童看见奇妙，看见想象，看见纯洁、真诚，成年人则可以在它凝练的语言中看到作者对人类及人类文明深邃的思索。它所表现出的讽刺与幻想，真情与哲理，让接触它的成年人欲罢不能，深深地沉入其中。

《小王子》因此是一部很小的童话，但又是一部很大的童话，因为它里面充满大智慧。它是一个世界上最伤心的故事，一个经久不衰的充满哲理的童话，一则关于爱、责任与童真的寓言。

那么，在《小王子》很短的篇幅中，它到底向我们讲述了什么呢？有人说它充满了讽刺，有人又从中读出了人生的大智慧，该作何理解呢？

从整体来看，《小王子》笼罩着一种孤独的氛围。小王子生活在B612号小行星上，而这个星球上只有三座到他膝盖的火山，小得刚刚容得下他。他孤独地生活着，直到有一天一朵玫瑰花出现在他的星球上。但是不久小王子就因为和玫瑰发生争执而负气出走，独自一人在星际间旅行。

小王子在来到地球之前，游历的星球都非常小。如第一颗星球的表面被国王豪华的鼬皮长袍遮得不留一点空隙，第五颗星球的面积是群星中最小的一个，仅够容纳一盏路灯和一个点灯人。这些星球上的人之间没有沟通和联系，他们所在的星球也各自有着不同的运行轨道。这些星球上无法同时容下两个人，这象征着人类个体精神的孤独。离开自己的星球时，小王子还不明白生命的意义。他在旅行时遇到的生命几乎都无法与他沟通，因而他不得不一再失望地离开，继续到其他星球探寻。直到他来到地球，通过与充满智慧的狐狸的交谈，他才明白了对自己驯养的东西要永远负责，要用心去看才看得清楚，本质的东西眼睛是看不见的。

从小王子断断续续透露出来的消息看，小王子的价值观与成人世界世俗功利的价值观是格格不入的。小王子是以爱、美与诗意为价值中心的。作品以很大的篇幅写了小王子在众星球和地球上的游历，这实际是进一步展示大人们在世俗生活中多么的走火入魔、迷途忘返的情形。在途中，小王子遇到了国王、爱虚荣的人、酒鬼、商人、点灯人、地理学家等，这可以说是圣-埃克苏佩里本人人生阅历的写照。只不过以从外星球来的小王子为视角进行观察，这些人的滑稽和荒唐被放大了，产生了陌生化的效果。这是一个绝妙的视角，圣-埃克苏佩里如果不从本身分裂出这样一个视角，他所看到的荒诞就不能如此夸张和变形，也就产生不了这样的既幽默又震撼的效果。这是些什么人呢？权力幻想狂、自我崇拜狂、梦想发财狂、不能自拔的沉溺者、盲目忠于职守者、教条主义者，用小王子的话说，"大人们真是怪得没法治了"。可他们正是世俗社会中随处可见的人。

成人世界通过小王子的视角被陌生化，作者以极其夸张的手法写出了成人们扭曲的生命形态。当夸张失常的描写被作为有意为之的艺术手段使用时，读者便能较为自由地摆脱实有生活的局限，从人生哲理的高度去认识作品。这些病态的生命形态实际上是现代文明社会的产物，作者以此抨击了现实生活中的某种价值观。

如果仅仅将《小王子》理解为讽刺批判作品，就大大遮蔽了它的价值和思想深度。它所富含的哲理与智慧远不止这些。

首先是有关童真。所有的大人起先都是孩子，一个孩子在他最天真烂漫的时候，是不会意识到童真的可贵的，可是当他长大，他却永远地失去了童真。然而，什么是童真呢？其实童真并不抽象，它就体现在书中一开始那个六岁小男孩画的第一幅画里。那幅画，画的是一条正在消化大象的蟒蛇。小孩子很满意自己的作品，于是向周围的大人问看了他画的画会不会害怕，未曾料大人回答他："一顶帽子有什么好怕的？"小男孩很气馁，觉得不被理解，于是放弃了做画家的梦想。但小男孩从此也养成了一个习惯，就是"会把我一直都珍藏着的那张我画的画给大人看，测试一下。我想知道大人是不是真的有理解能力"。

作为引子，这个故事有为全书点题的意味。这幅六岁小孩的画，象征的是人之初最本真的童心。童心所见，是对生命最直观、最本真的把握。大人只看见帽子却看不见蛇，因为他们已经失去了那种直观地把握真实的心。这个故事直接呼应了后来狐狸的教导："只有有心看，才能看清楚。最重要的东西，眼睛是看不见的。"这个心，我们称之为童心。飞机师和小王子一见如故，正是因为小王子能够一眼认出飞机师画的是"一头在蟒蛇肚子里的大象"，而这大大吓了飞机师一跳。因为它从来未遇到过一个人能够如此直接地看到事物的本相。同样地，因为他的童心，小王子能够轻易穿过飞机师帮他画的箱子，看见里面住着一只一般人看不见的绵羊。也许有人会说，小王子能够看见，因为他本身就是儿童。不是的。我们不要忘记，当小王子在沙漠遇到飞机师时，他早已不是B612小行星上面那个不曾见过世面的天真的小男孩。经过长时间的游历，他已经见过大人世界的种种，例如什么是权利，什么是虚荣，什么是对金钱的迷惑，什么是毫无反思的对职责的盲从，什么是坐井观天式的对世界的认识。走过这段路，小王子不再年轻。小王子的了不起，是他见尽人生百态，仍然能够保存童心：不市侩、不世故、不算计、率性、善良、好奇，敢于信任人也敢于去驯养，而且对天地万物有一份直接的温柔的感受。在此意义上，小王子在历尽沧桑，仍然心怀赤子。故此，小王子的童真值得赞美。赞美童真的人，往往都是大人。他们经历人世的沧桑，回过头来，才开始见到童年的美好。所谓成长，往往是个去"童真"过程。当童真去尽，一切都回不去了，大人才会在失去童真的眼里，看见童年的自己。歌颂童真，往往寄托了大人对于那永逝的童年的缅怀与感慨，但是除了缅怀和感慨，还可以童真地活着吗？

除了"童真"，书中还有一个"驯养"的理念。在小王子看到盛开的花园里有五千多朵几乎一模一样的玫瑰，朵朵都与他的那一朵相似时，他伤心得哭了。这时候狐狸走来了，他说，"驯养"就是建立感情联系。在驯养之前，"你对我来说不过是一个男孩子，跟成千上万的男孩子毫无两样。我不需要你。你不需要我。我对你不过是一只狐狸，跟成千上万只狐狸毫无两样。但是，你要是驯养了我，咱们俩就会互相需要。你对我是世界上唯一的，我对你也是世界上唯一的"。小王子就此明白了那朵玫瑰花对于他之所以独特、珍贵的原因，因为他被她"驯养"了，所以"单她一朵就比花园里五千朵都宝贵"。这真是一个伟大的发现，我们爱一个人是因为他（她）比别人更漂亮、更富有、更出众吗？在一般人眼里，你爱的这个人实在是普通得很。同样，为什么我们被爱？也不是因为我们多么出类拔萃，而是我们之间建立了独特的"驯养"关系，彼此的奉献和付出使对方独一无二，不可替代。狐狸还非常有诗意地说道，本来他对麦子没兴趣，因为他不吃面包。可小王子驯养他之后就不同了，他会喜欢风吹麦田的声音，因为麦子的颜色黄澄澄的，像小王子的头发。这真是爱屋及乌，及整个世界。凡是与所爱的人儿联系得上的东西，都能引起幸福的遐想。爱上小王子的狐狸这样解释这个词：驯养即建立关系。从此狐狸不再是普通的狐狸，王子也不再是普通的王子。他们互相需要，依依不舍视对方为唯一。幸福的感觉就是王子说他四点钟会来看狐狸，于是狐狸从三点就开始感到愉快，时间的流逝会令他感到越来越兴奋，直到他看见王子的金发从麦田的另一边渐渐地离他越来越近。当然，驯养也包括自我驯养，人既是主体，也是客体。自我驯养的意思，就是我们将自己的生命视为要用心善待和建立联系的对象。通过感受自己的身体，聆听自己的内心，爱惜自己的人格，我们慢慢学会认识自己和爱护自己。如果我们不能好好爱自己，让自己活得健康、正直和友爱，我们也就很难和外面的世界建立起好的关系。

与"驯养"相关的是"责任"。小说中自始至终小王子都是独自一人在星际间旅行，他所遇到的生命几乎都不能与他在心灵上产生共鸣，因而感到失望，不得不继续到其他星球去探寻。而且此时的小王子在精神上是空虚的，他还不知道生活的本质。最终来到地球，遇到狐狸，他才结束了心灵的旅行，找到了精神的归属。此时，他明白了"爱是一种责任"，"人只能用心灵去观看，本质的东西肉眼是看不见的"。圣-埃克苏佩里的责任意识很强。他借狐狸之口，表达了"爱是一种责任"的命题。"人类已经忘记这个简单的真理了。"狐狸说，"不过你不可以忘记，你必须对那些你所驯养的东西负责。"在爱里，责任不是负担，而是一种荣幸，因为你的"玫瑰"是你"驯养"了的，是独一无二的；责任不是被动的，而是心甘情愿的。责任的承担则证明了人之为人的价值。所以，小王子离开了地球，他带着对爱、对生活的使命飞回了他的星球。"你知道……我的花儿……我对她有责任！"这是小王子在地球最后说的话。他交代得很清楚，他之所以这么做，因为他有责任回去照顾玫瑰。责任的意念从哪里来？是狐狸告诉小王子，生命真正的意义必须建立在驯养的关系上，而驯养伴随着责任。如果小王子放弃他的责任，也就等于放弃驯养；放弃驯养，他就不再是他如此珍惜爱护的自己，他的生命将一无所是。小王子选择回去，不仅出于对玫瑰的爱，也是要通过履行责任，重新找回自己的尊严。他在乎玫瑰，也在乎自己；他既教人心疼，又教人敬重。

《小王子》的作者圣-埃克苏佩里也是一个神秘而有趣的人，最后我们对他的生平做一些介绍，并介绍一下他神秘失踪的一些情况。

圣-埃克苏佩里，1900年6月29日生于法国里昂市。父母俱是外省没落贵族家庭出身。父亲有伯爵头衔，在保险公司任职，母亲则懂音乐，爱绘画，有很高的艺术修养。1904年，圣-埃克苏佩里的父亲四十岁时患脑溢血遽然病逝。其母携圣-埃克苏佩里姐弟五人离家，先后住到其姨妈和外祖母的祖传房产中。圣-埃克苏佩里这时仅四岁，第一次乘火车旅行即对机械产生浓厚兴趣。

1909年，圣-埃克苏佩里一家迁居勒芒市。圣-埃克苏佩里进圣克鲁瓦教会中学读书。学校里沉闷的气氛使爱好幻想的少年颇感压抑，他被视为一个不守规矩的学生。1912年夏天，圣-埃克苏佩里经常徘徊于学校附近的安贝利欧机场。当年颇有名气的飞行员魏德林被圣-埃克苏佩里的热情所感动，带着他第一次飞上天空。同年，圣-埃克苏佩里开始拜师学拉小提琴。1914年，他十四岁时，第一次世界大战爆发。其母为参加护理伤员的工作，将圣-埃克苏佩里兄弟二人送进蒙格雷中学寄宿。兄弟二人苦于森严刻板的约束，只待了一个学期便催促母亲将他们"从这个巫婆的巢穴里拯救了出来"。一家人随后卜居瑞士弗里堡。

　　圣-埃克苏佩里一生喜欢冒险和自由，是一位将生命奉献给法国航空事业的飞行家。长大后，在服务于航空公司期间，他开辟了多条新飞行航道，孜孜不倦地完成飞行任务。他于"二战"期间应征入伍，法国战败被纳粹占领期间，他侨居美国。1944年他在一次飞行任务中失踪，成为一个神秘传奇。

　　除了飞行，用写作探索灵魂深处的寂寞是圣-埃克苏佩里的另一终生所爱，其作品除《小王子》外，还有小说《南方邮件》《夜航》《人类的大地》《堡垒》《云上的日子》《空军飞行员》等。

　　关于圣-埃克苏佩里，最为人所津津乐道的莫过于他的神秘失踪了。1943年，在他的强烈要求下，他回到法国在北非的抗战基地阿尔及尔。他的上级考虑到他的身体和年龄状况，只同意他执行五次飞行任务，他却要求增加到八次。1944年7月31日上午8点左右，圣-埃克苏佩里乘着吉普车来到距离法国巴蒂亚25公里的波尔戈机场。这天是一个飞行的好天气，他将在格勒诺布尔、安西和尚贝里的高空做长达几小时的侦察飞行。

　　起飞前一切正常，圣-埃克苏佩里谢绝了别人的替飞，他在登机前让勒内·加乌瓦伊帮个忙：转交一只放着手稿的手提箱。8点45分，圣-埃克苏佩里驾驶着他那轻巧的"莱特宁"冲入了10000米的高空……

　　从此他再也没有回来。在当天的飞行记录本上，只有一条简短的记录：圣-埃克苏佩里执行法国南部高空飞行拍摄任务。未归。

　　几十年来，人们应该满足于这一简短的判决和几千页的推理假设。

因为在"二战"期间,法国有11000架飞机被击落,它们中仅1943年到1945年就有500架坠落在普罗旺斯或海上。但那天早上,德军在这个地区没有击落一架飞机。在10000米的高空飞行的飞机可能会掉到哪里了呢?人们搜集证据,检查报告,计算,搜寻……但都没有什么实质性的结果。

1998年9月7日,突尼斯渔民哈比·贝纳莫尔在卡西斯的海上打捞到一块发亮的东西,他没有把它重新扔回大海。他的老板看了一眼这块东西,看到有"安托万"的字样,和自己的第二个名字一样,就把这块东西清洗干净,发现上面刻着"安托万·德·圣-埃克苏佩里(康苏萝)–C/O雷纳尔和希区柯克公司–美国纽约第四大街386号"。这是他的姓名、送他首饰的妻子的名字,以及出版英文版《小王子》的纽约出版商的地址。毫无疑问,他们找到了圣-埃克苏佩里的手镯。

此后,有一群"疯子",包括一些机械师、商人、历史学家、渔民、潜水员、学者……开始了打捞。他们最终找到了。在2003年9月打捞上来的几块相当于飞机十分之一机身的残骸上,没有发现子弹的痕迹,而有飞机在时速超过800公里笔直朝大海坠毁时才会造成的折痕。圣-埃克苏佩里曾表示:"我将双手合十安息在地中海。"剩下的不过是一些细节的问题,但已经不重要了。

后来仍有一些发现,它们共同确认,圣-埃克苏佩里失踪的原因是死于飞机坠毁。但坠机原因仍不明了。专家猜测可能飞机被敌军击落,也有可能撞上了不明物体,当然,也有可能是自杀。

八方切入
——《汤姆·索亚历险记》教学案例

整本书阅读《汤姆·索亚历险记》时,不妨从以下八个方面切入,容易收到实效。

1. 了解作者

师：请要言不烦地简介作者。

生：作者马克·吐温，美国著名作家，他的主要作品有《百万英镑》《竞选州长》《汤姆·索亚历险记》《哈克贝利·费恩历险记》等。《汤姆·索亚历险记》带有一定自传性质，许多素材来自作者的亲身经历，故事妙趣横生，情节扣人心弦，受到世界上许多读者的欢迎。

2. 主题思想分析

师：请说说你理解到的主题思想。

生：此书以欢快的笔调描写了少年儿童自由活泼的心灵，并对伪善的宗教仪式和刻板陈腐的学校教育进行了讽刺与批判。

3. 各章内容回顾（节选）

任选一章，说说这一章的名字，并回答问题。譬如第一章"淘气的汤姆"。

（1）汤姆的淘气表现在哪里？

（2）波莉姨妈是怎样试探汤姆是否旷课去游泳？

（3）谁发现的汤姆去游泳了？怎样发现的？

4. 人物形象分析

比如汤姆·索亚：调皮、叛逆、喜欢恶作剧，却又善良可爱、乐于助人、聪明活泼、正义勇敢、富于同情心、富于幻想、敢于冒险。

（1）巧施妙计让伙伴们不仅替他刷墙，还给他送宝贝。（聪明活泼）

（2）半夜和哈克去墓地"试验"死猫治疣子的方法。（敢于冒险）

（3）躲在钟楼上偷听镇上给他们举行的葬礼。（调皮、喜欢恶作剧）

（4）克服恐惧在法院现场揭露凶手印第安人乔。（正义勇敢、富于同情心）

（5）在岩洞里历尽波折后牵着绑在石头上的风筝线探路，终于脱险。（聪明镇定）

（6）经常幻想出去做绿林好汉，和哈克等去岛上过营地生活。（富于幻想、敢于冒险）

波莉姨妈、哈克、印第安人乔、锡德、玛丽、蓓姬·撒切、乔埃·哈波尔、莫夫·波特等人物的形象呢？请画一棵"思维导图"树，把每个人物形象表示出来。

5. 重点问题讨论

（1）你心中的汤姆·索亚是个怎样的形象？请用书中事实说话。

（2）你从汤姆身上得到什么启示？

（3）对汤姆，你最欣赏什么？联系自己的实际讲讲理由。

（4）说说《汤姆·索亚历险记》你喜欢的故事情节，并说说理由。

6. 章节精读

（1）《当"海盗"去》精读：

①主要内容是什么？

②汤姆为什么会产生当"海盗"的念头？

③汤姆在确定当"海盗"之前还计划做什么？为什么最后选定当"海盗"？

（2）《"海盗"生活》精读：

①主要内容是什么？

②本章主要运用了什么描写方法？作用是什么？

③本章描绘了大自然三个时期的景色，请问是哪三个时期？分别具有什么样的特点？

（3）《洞中历险》精读：

①主要内容是什么？

②在历险过程中，汤姆表现出什么精神和人性特征？

③在探路的过程中除了凭借蜡烛，还凭借了什么？

7. 牛刀小试

（1）《汤姆·索亚历险记》体现了一个孩子从少年到成熟期的成长。请举一例，具体说明这一点。

（2）某班的同学在阅读《汤姆·索亚历险记》时，对汤姆·索亚这个人物有两种不同看法，为此语文老师组织了一场辩论。假如你是反方，针对正方辩词该怎么说？

正方：我方认为，汤姆·索亚是一个令人鄙弃的孩子。他顽固不化，置波莉姨妈的劝告于不顾，屡屡犯下错误；他不努力学习，爱弄虚作假，用物品与同学们交换彩色纸条，凭彩色纸条获得了学校的最高荣誉奖；他爱耍小心眼，为了报复蓓姬，惹蓓姬生气，他有意与女孩子艾美套近乎。

（3）《汤姆·索亚历险记》第4章里记述在主日学校怎样才能得到奖品？汤姆是怎样获得校长颁发的奖品并成为主日学校名人的？

（4）汤姆·索亚是个好奇心极强、富于冒险精神的孩子。请用简洁的语言介绍能够反映他这一性格特点的某一个情节。

（5）汤姆和蓓姬在岩洞中遭遇了哪些困境？在困境面前汤姆表现出了哪些可贵的品质？试举例加以说明。

（6）汤姆和蓓姬后来是怎样脱离险境的？

（7）汤姆当"海盗"回来后，依然没有和蓓姬和好，但当蓓姬在教室内身处险境即将遭受老师惩罚时，他挺身而出。请用简洁的语言概括《汤姆·索亚历险记》中的这一情节。

8. 影视欣赏

请同学们网上观看电影《汤姆·索亚历险记》。（略）

第五章
绘本阅读教学创意

CHAPTER 5

第一节
创意主张

绘本[①]教学艺术所要做的是完全不存在
——对"绘本教学行为艺术"创课的思考

2016年10月,四川成都,笔者现场进行了"绘本教学行为艺术"的创课。所谓"绘本教学行为艺术"创课,意味着课是那时那地与那些学生,真实、即兴创发的,人不可能第二次踏进同一条河流,原创已成也已灭。一期一会,一生一会,有缘,就邂逅了;无缘,就错失了。思之,是本分;得之,是福分。

这次创课的教学环节极简,简到只有三个字——"喊、摸、写"。

简到极致便是美,美到心里!

喊在口——课始,在大庭广众之下,我怂恿学生直呼我的姓名"孙建锋"!

喊与不喊不一样——从呼喊"孙建锋",到呼喊"建锋",再到呼喊"锋"。一喊"孙建锋",学生说"爽";再喊"建锋",学生说"暖";又喊"锋",学生说"亲"!不喊,没有这些心理感受;喊了,尤其是像这样创造性地喊了,不正是一种融洽师生关系的教学艺术吗?学生呼喊老师名字的字数虽然越来越少,但是与教师的心理距离却贴得越来越近。

[①] 本章所涉及的绘本,非特指纸质绘本,也包括音频绘本、视频绘本(含根据教学需要自创或剪辑的具有教育意义的图文动画、短视频等,笔者称之为V影绘本)。创新教学文本的形式和内容,是创意教学的应然要求。——笔者注

摸在手——课中，我说，喊老师的名字，只不过是过过嘴瘾；你还可以更加"胆大妄为"，譬如，摸摸老师的头。学生一听，笑得前仰后合。但是，他们就是不敢下手。我相机放了自创的V影绘本——学生摸了时任总统奥巴马的头……看完V影绘本，我躬身俯首，被触发的学生见状，丝毫不拿老师当老师，该出手时就出手……"摸了不能白摸，"我说，"你要把摸后的真实感受写出来，然后与大家分享。"

摸与不摸不一样——不摸，何来摸的感受？无感，岂能有感而发？摸了，就有"意想不到"。当时，我只是让学生摸了摸头，以极其微小的代价换取了孩子们一首首精彩纷呈的美丽诗篇："我把月亮印在天上，天就是我的；我把鞋印在地上，地就是我的；我摸你的头，你就是我的。""住进白宫，奥巴马是美国最大的王；走进教室，孙老师就是我们最大的王。弯下腰来让我摸摸头，你就是世间最美的郎。""春水初生，春林初盛，春风十里不如敢于动手的你！"

写在脸——课尾，我让学生评教，且把评价的语言写在我的脸上。学生自己谋篇布局，一个女生在我的左脸用黑色的油彩笔写下"幽默"，右脸写下"搞笑"；一个男生在我的额头上写下"独一无二"，下巴上写下"好老师"。那一刻，听课的礼堂里，掌声与笑声齐飞！

写与不写不一样—— 一位中国教师曾经向《第56号教室的奇迹》的作者雷夫提出这样一个问题："你教语文，还教历史，还帮助学生排了许多莎士比亚的戏剧，那你究竟教什么学科的？""我不是教课的，我是教人的。"雷夫的言外之意是，教师要在课程的深处看到人的存在，要从教材背后、教学背后看到人的存在，看到学生的存在。我们怎么看到学生的存在呢？仅仅说说而已？我以为，看到学生的存在首先要改变"学生的不存在"。譬如，无论家常课，还是公开课，无论是大型观摩课，还是校级公开课，上完课之后，往往都是领导、专家、教师在评课，唯独学生被放逐。学生是课程的核心，学生是评课的首席。学生缺席的评课，只剩下了一种声音。任何形式的存在，都不应该永远只有一种声音；只听到一种声音的存在，肯定是谎言，如果不是谎言，至少会有两种声音。

……

倏地，这次"绘本教学行为艺术"的创课已经过去多时了。燃烧、冷却、沉淀之后，该萃取点什么呢？

我想，如果说这节课有点教学艺术，那么教学艺术所要做的是完全不存在。

一说起教学艺术，立马觉得被说烂了。但是，究竟什么是艺术？答案恐怕是众说纷纭、莫衷一是。

如果我们溯源"艺术"这个词是从哪儿来的，不难发现它是从梵文而来，它的意思是"做"。

如果说教学是一门艺术，那么教学艺术就是"做"出来的，一如"绘本教学行为艺术"的创课。

但是，这种"做"，是有条件的。只有教者心中没有贵贱高下之分，没有好坏你我之别，生命才可以完全无拘束地充分展开，到了这一步，教学才可能走向艺术。"艺术向来都是要投入整个身心的事情……一只手挡开笼罩着命运的绝望，同时，另一只手记下在废墟中看到的一切。"（卡夫卡语）

眼下教育急功近利，应试、应赛至上，这种局面单纯用教育来改变是不可能的，可以给予抵抗的方式是：沉默，缓慢，独处。

如果说自我"抵抗"是一种状态，这种状态完全可以由自己择决与把控。

一名优秀的教师，他秉持的状态比他的艺术更为重要。现实会使事情改变，这很自然，也很正常。因为我做这件事无所求，所以能很"平和"地做。传统教学是已经完成的东西，从本质上说，我对改变有一种狂热。我不是反艺术。"反"这个字让我不喜欢，因为反对与赞成其实是一个事情的两面。而我所要做的是完全不存在，就像"绘本教学行为艺术"的创课一样，而不是什么反对或赞成。

面对"我所做出的完全不存在"，你所看见的和我所看见的是不一样的。我们都会产生情绪感受，但你的和我的却不会是同一种情绪感受。因此，没有必要规定只有一种情绪感受。特别是习作教学，表现的是人的主观感受，我们有什么理由只有一种教法，只教不同的脑袋写出同一种感受呢?

当然，教孩子创造性我手写我心，法术不是第一位的，教师的软实力才是最重要的。譬如，软实力中的魅力就很关键。

教师的魅力是不是一种主观感受呢？如果是，怎样用文字表达呢？

"魅力散发在空气中，智慧的眼神，嘴角的上扬，和你的羞涩。"如果我这样写一段文字，把自己的思想放进词或句子中，看事情是否全都会走样？如果是，还存在美吗？

如果不存在美，就像描述这节课，当我的文字落下，还不能显示这次"绘本教学行为艺术"创课的美丽容颜，那么，我不觉得我写的东西可以在将来对教育教学有什么重要意义。

还记得，这次"绘本教学行为艺术"创课之后，我收到一个老师发来的微信："我欣赏这节课，它所要做的是完全不存在。教学中所创生的那些令人绝望的美，瞬间击碎时光，让人无法动弹。又像一场飓风，横扫灵魂深处——在我们的教学中，体味绝望才可知课之美好、动人、深情、广阔、硬朗、纵横阡陌。"另一个老师说："这节课像春天，春意绽绽，我心隐隐，要把春天每秒当十秒，好好过，好好过……太快太绝美的春天总让我恍惚，我宁愿当春天的情人，寸步不离。"

从文学的美学原理角度出发，诗比历史更重要。历史叙述已发生的事，而诗描述可能发生的事和应当发生的事。这次"绘本教学行为艺术"的创课是一种诗意的描述。

要实现"基于儿童立场"的绘本教学
——以《想象不到的想象》为例

"基于儿童立场"的绘本教学，如果仅仅只是一句洞彻云霄、撼人心脾的口号，就难免"空洞"了。凡是空洞的事物都是可疑的，"凡是可疑的都是危险的"（大仲马《基督山伯爵》）。怎样"化险为夷"？就是要让

"基于儿童立场"的绘本教学化口号为行动，使之落地生根。当然，实现"基于儿童立场"的绘本教学，是一篇宏大的文章，但再大的文章，终究要一字一字地写。也就是说，我们可以通过一节节课的创造，甚至一个个教学细节的打造，让"基于儿童立场"的绘本教学诞生。

下面试以2019年10月笔者的绘本教学《想象不到的想象》为例，谈一谈这节创课是怎样实现"基于儿童立场"教学的。

一、顺应儿童需要让其思维自然流淌

这句话听起来似乎有点抽象，其实只要把孩子们读写结合时的文题串联起来读一读，就不难理解——我们要"进入想象不到的想象世界"，就要"穿过思维的墙""用'心'想象"，这样才能做到"思维'天马行空'"；当然，想象的同时我们还要"不断地追问"。"是谁捆绑了我们的思维"？只有"对症下药"才有利于"治愈"……这样，我们才能上出"一节想象不到的想象课"。

当然，串联解读，不是单纯给孩子们的文题做个加法，而是感受他们在这节课中的生命气息以及每个生命体经历了一种怎样的思维自然流淌。笔者正是顺应了儿童的思维并让其自然流淌，才创生了绘本教学《想象不到的想象》。儿童的思维原本就应该自然流淌，这节创课所做的一切只不过是顺应了儿童的诉求并将它自然呈现出来。这难道不是一种潜在的"基于儿童立场"的教学方法吗？

二、明确激发情趣比单纯传授技巧更重要

教学中，引导学生观看了绘本，学生A在《穿过思维的墙》中写道："星期六，我们迎来了一节公开课，我非常兴奋，也非常期待。特级教师孙建锋一直在唤醒我们去想象绘本《想象不到的想象》，不是像以往任何一次教学一样，无论我们是否需要都强行向我们'注射绝技'，兜售'绝门武功'，而是播放了一系列的绘本，绘本像磁铁一样深深'吸附'我们的眼睛……说实在的，我很讨厌被'注射的方法'，这样的'注射'愈多，我身上留下的'针眼'愈多，痛苦也愈多；当然，我更不喜欢那些'点鼠标似

的'板着面孔的'命令'式的想象，想象怎么能靠下命令呢？……"

从这个孩子的话语里，我们能够听到儿童的真实声音："讨厌被'注射的方法'"，"不喜欢那些'点鼠标似的'板着面孔的'命令'式"的被想象。这绝不是孩子个体的无病呻吟，而是孩子群体的心灵呐喊。聆听呼喊，第一时间"拯救"，笔者进行教学创课《想象不到的想象》，难道不是实现"基于儿童立场"的教学？

当然，我们不能误解"第一个逃出来向我们报信的孩子"，他们的本义绝不是说要与一切教学方法"绝缘"，而是说"激发情趣比单纯传授技巧更重要"。帕克·帕尔默在《教学勇气》中写道：优秀的教学绝不能屈就成为技术教学，应当来自教师的矢志不渝和正直……我的这个观念来自于或部分地来自于本人多年来一直询问学生他们心目中的好老师是什么样子的。倾听他们的陈述，会发现，要求所有的优秀教师使用相类似的教学技巧是不可能的事情：有些教师讲课滔滔不绝，有些教师却言简意赅；有些教师按部就班教教材，有些却让自己的想象力飞扬在课堂上；有些教师循循善诱，有些却直截了当。我听到的故事中，所有优秀教师都拥有一个共同的特质：投入工作时都有其鲜明的个性——富有创造活力、充满创造激情且创造思想飞扬。这不正是创课教师的特质？

三、唤醒生命挣脱固化朝向外部不断生成

公开课中，学生B在《有意义的追问》中写道："……刚才绘本中的'鸡兔通婚'，我们怎么想象不到？孙老师追问的话音刚落，就听学生1抢着回答：'是鸡兔同笼干扰了我们的思维'！'传统的原因！'孙老师反应真快。'是我自己思维不够宽阔不够大胆不够新奇。'学生2反应也不慢。孙老师马上接过话茬：'自身的原因。'学生3接语：'我想外星人浑身都是眼睛，妈妈说，别瞎想，快写作业！''家庭的原因。'孙老师顺势补充。'有一种看不见的东西捆绑了我们的思维，'学生4说道，'譬如……周六大家都去兴趣班，好像背后有一根鞭子赶着似的。''社会上的盲目跟风！'孙老师说，'请大家总结一下吧！'学生5振振有词：'我觉得障碍我们思维的原因有很多，最主要的是自身的、家庭的、社会的，后两

者是外部的，第一个是内部的。''突破思维阻碍的关键靠？''关键靠自己！'学生6的回答迎来阵阵掌声！"

从学生B的《有意义的追问》中，我们能够看到：绘本文本"输入"—学生独立"思考"—对话"表达"这条线索，不仅教学环节逻辑清晰，而且思维训练的现场生成水到渠成。

真正"基于儿童立场"的绘本教学，就是通过对话，唤醒生命不受固化钳制，不被外力压制，相反，应该挣脱固化与外在，应该在不断的对话、生成之中呈现出生命自身的独特性、可能性、差异性和多样性，使得师生一起不断地脱离原初界域，又不断重建领土，并总是朝向外部，总是有新的生成。这难道不是实现"基于儿童立场"的教学？

四、倡行好文是写出来的也是读出来的更是赏出来的

公开课上，观看了绘本，学生C在《心有灵犀》中写道："'……绘本中那只小兔子在课堂上积极举手发言、活蹦乱跳，不喜欢它的戴眼镜的兔先生狠狠地朝课桌上砸了一教棍，吓得它生了一枚蛋……回家的路上，它又被黄鼠狼与野猪劫道嘲弄，惊慌失措中下了第二枚蛋……小兔子懊恼地走回家，闷闷不乐地来到自己的房间，关上门，默默地下了第三枚蛋……遭受挫折以后，小兔子垂头丧气地离开了家，它觉得自己很无能，在学校总是遭受排挤。这时我多么希望小兔子永远长着一副未被欺负的脸，而不是看上去不好欺负的脸……后来，它到了一座城市，认识了一些新朋友，朋友帮它找到一份新工作，开了一个彩蛋博物馆……'我的同桌有声有色地读完自己的作文，孙老师微笑着说，小兔子遭受挫折以后，离家出走，他有一个词用得很好……孙老师躬下身来，顺势把话筒递给前排的同学，两位接连'哑火'。这时，后排边角的一位女生站起来说：'垂头丧气'……她被孙老师请到前台和我的男同桌并排站到了孙老师的左右，孙老师伸开双臂把两个同学揽在一起，问男生，她坐得很远，却能听到并能准确记住，说明什么？'心有灵犀！'我的同桌男有点儿羞答答。哄笑声中，孙老师把头转向女生：'你认为呢？''他读的时候，我认真地听。'女孩很自然，'无他！''是啊！'孙老师把脸转向

男生,'人家没那个意思!'全班笑声鼎沸!……'垂头丧气用得好在哪里?'孙老师问女生。'小兔子遭受嘲笑打击,觉得在动物群里没希望,就失魂落魄离家出走,垂头丧气,恰如其分表现了它当时的神情。'女生又补充道,'我多么希望小兔子永远长着一副未被欺负的脸,而不是看上去不好欺负的脸。这句话有刺,玲珑得别扭,能给人提供一种敲击。我真的好喜欢。'……'好文是写出来的,也是读出来的,读出来之后,文章就不再属于作者一个人了;聆听并鉴赏同学作文更重要,你分享的不啻是一种声音,而是一种语言智慧与精神文明。'……"

每个人都渴望回声,人之为人,都不可避免想要向他者呐喊,得到回音。为了活成更好的人,每个人都需要关于活着的智慧的滋养。每个人,都渴望心灵上的回声。一次合拍的"朗读与聆听"的对话,是精神探险,是彼此的戳中,彼此完成了衷诉的抵达。

综上,是不是通过一次创课《想象不到的想象》就完全实现了"基于儿童立场"的绘本教学?当然不是!但"不积跬步,无以至千里"。怎样实现"基于儿童立场"的绘本教学?"千江有水千江月"。不论怎样实践探索,都会使我们追问:"基于儿童立场"的绘本教学主体是谁?主体是人,但不等于人,人只有作为某种活动的发出者才是主体。《想象不到的想象》绘本教学创课活动的主体究竟是谁呢?这就要考察活动的"发出者"是谁。教师是教学的策划者、设计者和组织者,但是真正"发出"教学需求的却是儿童,是儿童焕发生命活力的诉求才有了教学活动,从学生一篇篇读写结合中,我们可以管窥儿童是教学活动的发出者,因此儿童是教学的主体。那么,以儿童为主体,教师就应站在儿童立场上。不要一味地走在儿童前面,指点江山,因为儿童可能不会跟随;也不要一味走在儿童后面,任性放羊,因为儿童可能不会引路;请走在儿童身边,和儿童一起在绘本阅读中遇见更好的自己。

绘本教学要走进"无边界学习"
——以创课《孩子们的发现》为例

"无边界学习",意味着利用所有学习平台,给学生提供一个可以在任何地方、任何时间,使用身边任何可以获取的学习机会来进行学习的3A(anywhere,anytime,anydevice)学习环境,帮助孩子提升自我,完善自我,成就自我。

在现有条件下,绘本教学怎样走进"无边界学习",模糊边界、柔化边界,为学习者的学习提供更为开阔的平台和空间?下面,笔者试以创课《孩子们的发现》为例,浅谈一孔之见,以就教于方家。

(1)通过课程资源的广域化组织,突破传统的"教师中心,书本中心,课堂中心"的定势,走进"无边界学习"。

传统的"教师中心,书本中心,课堂中心"流弊是过于"中心"。只要有中心,就能确定边界。只要有了边界,就会受到边界的束缚。而真正的发展是没有清晰边界的。没有中心,没有定义边界,就获得了最为自由、自然的发展模式。虽然没有传统意义上的中心,但却收获了内在的发展活力。基于此,笔者创课《孩子们的发现》,消融了"教师中心,书本中心,课堂中心",通过课程资源的广域化组织,实现了由"教材"到"学材",由"教师"到"资源",由"教室"到"社会",由"教学"到"导学"的转变。

譬如,为了突破"书本中心"的边界,笔者在创课《孩子们的发现》时,变"教材"为"学材"。如果说传统教学中的"教材"是固态的,那么创课中的"学材"则是液态的。创课《孩子们的发现》中的"学材"由六季组成——第一季是"我们一起玩游戏";第二季是我们一起看《秒拍》;第三季是我们一起看《体育课》;第四季是我们一起看《戏剧课》;第五季是我们一起看《老师评价学生》;第六季是我们一起看《学生评价老师》。这六季的"学材"是以液态"时间流"呈现的,宛若六道"食材",吊足了孩子们"发现"的胃口,细细品尝,他们个个大快朵颐,人人深感美味无穷……

【回放创课镜头一】观看了一分十秒的V影绘本"学材"《秒拍》，孩子们自告奋勇走上讲台，分享"我"的发现：

有的说，课前，绘本中的那位黑人老师站在教室门口与每位学生打招呼的每一个动作都不一样，但是，他们每个人脸上的微笑与内心的喜悦却是一样的；有的说，"我"发现那位黑人老师能创新适合每个孩子的动作，每位学生也都能以创新回应老师的动作，真是时时能创造，处处能创造，人人能创造；有的说，"我"发现那位黑人老师，课前与学生打招呼与众不同，不像我们课前师生打招呼——"老师好""同学们好"，千人一腔，千校一面，因循守旧，毫无创新，如果说黑人老师原创的打招呼是一种仪式，我们的课前打招呼则是一种疲于应付；还有的说，"我"发现这样的打招呼，既解放了每个学生的身体，同时也解放教师自己的身体，师生身体解放的教学，才是最好教学……

生命是生成、运动、僭越，而不是模仿、静止、同一。相对于我们，孩子们是新人。新人源源不断地进入这个世界，他们中的每个人都具有开端启新的能力，它必将打乱和颠覆此前的行动所启动的事件链条。在教育生活中，我们有理由期待那些不可期待的东西。前提是我们要有案例示范引领。这正是笔者自创绘本，变"教材"为"学材"，使学生走向"无边界学习"的初衷。

当然，实现由"教材"到"学材"，由"教师"到"资源"，由"教室"到"社会"，由"教学"到"导学"的转变，关键是大脑的转变。只有脑中无边界，才能为内生的活力所驱动，才能产生源源不断的创造力，才能带动学生持续不断地前进发展。无边界，才能到达更远的远方！

（2）通过教学组织方式的调整，突破既有的课堂中心定势，走进学习方式的无边界。

我们正在进入"无边界社会"，很多事物之间的边界也正在逐步地被打破。"无边界社会"中的组织都变得越来越柔软，越来越有弹性。现在有很多众创空间，里面的人娱乐和工作没有边界，正经和不正经也没有边界。上班可以坐着、躺着，姿势自选，做的事情也可以"不正经"（创新），所有这些都使得组织变得越来越开放，越来越有弹性，越来越有温度，越来越多样化。

"对我们孩子做的最危险的实验，就是在全社会的各个方面都在发生戏剧性的转变时，仍然用陈旧的方法教育我们的孩子。"哈佛教授克里斯·德迪说。我们的教学组织方式应该怎样调整呢？笔者的创课从"评价"的维度做了一点尝试：

【回放创课镜头二】在创课《孩子们的发现》中，我播放了自创V影绘本《老师评价学生》：第一次是笔者站在学生身旁聆听学生的习作，第二次是笔者请学生坐着读其习作，自己蹲下来倾听；第三次是笔者高高抱起学生，仰视她，聆听她读其习作……

学生目不转睛地观看了V影绘本之后，奋笔疾书写下自己的"发现"："评价学生作文时，第一次是孙老师站在学生身旁倾听；第二次是孙老师蹲在学生身旁倾听；第三次是孙老师把学生高高抱起倾听。"

这时，我相机出示一段文字。

先引读：（师）教育家玛雅说——（生）学校最重要的是倾听儿童的心声；（师）教授佐藤学说——（生）倾听是教师最美妙的姿态；（师）作家毕淑敏说——（生）如果你谦虚，你就能倾听到心与心碰撞的清脆音响，宛若风铃。

再对话：（师）关于倾听我还发现了——（生1）倾听能走进人的内心；（生2）倾听能拉近人与人心与心之间的距离；（生3）倾听是对人的一种最好的尊重；（生4）倾听是人的内心的第二扇窗户。

这时，我顺便搬来一张凳子，请她（生4）坐下，自己蹲在她身旁："我愿意再次聆听你的'发现'。""倾听是人的内心的第二扇窗户。"她话音刚落，我又请她站上凳子，仰视她，聆听她述说自己的"发现"。

最后，全班学生朗诵——孩子们的每一次发现，都是哥伦布发现新大陆！

【回放创课镜头三】在创课《孩子们的发现》中，我们一起观看了V影绘本《学生评价老师》。笔者在一次公开教学时创设情境，让学生评价自己的教学，并怂恿学生将"评语"写在自己的脸上……看了笔者和学生一起创造的"写脸书"的行为艺术，学生感慨万千、奋笔疾书……节录部分学生的"发现"感言，以飨同仁：

生1："幽默、风趣！""独一无二的好老师！"看到学生把教学评价写在孙老师的脸上，我发现了孙老师的敢为人先！

生2：我发现孙老师不是为了"写脸书而写脸书"，也不是为了"博眼球"，而是以自己的脸面做"道场"，和学生做深次层的心与心的对话。

生3：我发现这种行为艺术更能激起师生的相互信任。

生4：我发现那时那地孙老师完全走进了孩子的内心。

生5：我发现学生的评价才是孙老师最美的颜值！

"写脸书"——学生评教、评语写在老师脸上，这种"教学行为艺术"是将感觉留存于特定媒介中，因而产生一种或将影响孩子一生的积极状态。这种相机生成的纯粹的教学艺术，存在于"永远流放"的状态中，存在于游牧状态中，该状态积极抵制特定的传统的评价方式导致的辖域化。

实践表明：在"调整教学组织方式，突破既有的课堂中心定势，走进学习方式的无边界"上，每"改变一点点"，都需要我们用心创造。

当然，如果我们要去做，一定要保证想法足够大胆有创意，值得付出所有努力。成为第一个，而且是独一无二的。

"调整方式"，"突破定势"，"走进无边界"，每一点改变，每一次创造，都会遭遇障碍。

巴尔扎克在其手杖柄上写着：我在粉碎一切障碍。我们创课教学的手杖柄上不应该写着：一切障碍都在粉碎我。

（3）通过师生关系的调整，突破已有的教师定势，实现教法的无边界，使学生的学习真正成为一种关乎知识世界、生活世界和个体经验情感世界的整体性学习。

学校无边界、学习无边界、教法无边界是未来的教育生态系统。怎样实现教法的无边界，超越封闭的学习、单一的符号学习，实现学习的丰富性与整体性？见仁见智、言人人殊。笔者的探索如下：

【回放创课镜头四】在创课《孩子们的发现》中，我们一起观看了V影绘本《戏剧课》，其主要内容是：课前，一位戏剧课老师静默端坐于观众席中，一言不发，等待一群小学生有序地走进剧场，自编自导自演一出"戏剧"。表演开始了，老师起身做"服务"，拉上窗帘，打开舞台灯光……学生自己着装，分配角色，对白表演……一出戏在自主、合作、探究中完成……表演结束，老师面带微笑，起身报以诚挚的掌声！

V影绘本观赏结束，学生各抒己见。一个学生说，这节戏剧课，老师的位置变了，由讲台，走到了台下；角色变了，由"导演"，变成了观众；教学方式变了，由"教"，变成了欣赏。另一个学生说，这节戏剧课，学生的位置也变了，由台下，走到了台上；角色也变了，由"配角"，变成了主角；学生的学习方式变了，由"被灌输"，变成了自我输出。

这节自编、自导、自演的"无边界学习"戏剧课，确认了学习的丰富内涵和多维的意义向度。学习不只是认知性的，更是实践性的；学习不只是为了掌握书本知识，更是追求通过知识引起学习者内在素养的变化，促进个体精神发育的过程；学习不只是在传统的课堂环境中发生的活动，更是在多元的环境中发生的活动。学习追寻的是知识的广度、深度和关联度，引发的是学习者的高阶思维，建立的是知识与情感、与文化、与想象、与经验的丰富关联性，引起知识作为精神种子在学生心灵中的意义生长。

综上，创课《孩子们的发现》，唤醒了学生"无边界学习"的意识，孩子们发现："无边界学习"是一种人人、时时、处处、事事皆可进行的学习过程。当然，在传统学习方式长期的桎梏下，这一过程需要首先经历一个"从负数变成零"的过程。记得朱大可老师说过他在大学教书时，是帮助学生"从负数变成零"，而不是从零增加一些知识。其实从负数爬到零时一个非常艰难的过程，包括我，渗入到潜意识的一些陈旧的学习方式还是没有办法完全破除。走进"无边界学习"的实践探索，还在路上！

我们主张绘本教学要走进"无边界学习"，绝非为过去的学习强加一种表现形式，而是一个生成事件，永远没有结束，永远在进行中，超越任何可能经历或已经经历的内容。这是一个过程，也就是说，一个穿越未来与过去的生命片段。

第二节
创意做法

用故事石和孩子一起开心玩绘本

故事石，其实就是平凡的光滑的鹅卵石，你可以在河滩找到或在工艺品商店买到。

然而，经过小朋友们的设计，每块石头上都有了动物、植物、人物等的图片之后，就变成了有生命的小石头。

基于绘本故事，孩子们可以通过绘画制作故事石，也可以使用贴纸、碎布等制作故事石。

一旦披上这神奇的画皮，它们就变成了可以用来讲述绘本故事的石头。

画石头和用故事石讲述绘本故事（包含新创、续编故事情节）能够激发孩子的想象力，帮助孩子发挥创造力，同时也锻炼了讲故事的艺术。

下面分享一位老师故事石的玩法：

（1）用记号笔做故事石。

最简单的办法就是直接用记号笔做故事石，方便又富有创造性。等人物和道具做好，就可以用粉笔来布置场景啦！

（2）用杂志图片做自己的故事石。

把杂志上的图片剪下来，并使用胶带把图片粘贴在石头上。如果是低年级的孩子，也可以让他们用贴纸。

（3）讲故事的道具。

怎么使用故事石来读绘本呢？可以把它们作为讲故事的道具——让

孩子们从篮子里挑选一块石头，根据他们选择的石头上的图片开始一个故事。接着再从篮子里取出一块石头，故事继续。

（4）创造性的表演。

故事石也可以用来进行创造性的表演，例如在玩具屋里、动物农场里、积木房子里表演。

（5）分类和分组。

故事石也可以用来开展分类活动。首先把所有的石头堆在一起，然后找到与动物和食物相关的石头，再把与节日相关的石头堆成一堆等等。

用故事石和孩子一起开心玩绘本，没有正确或错误的方式。小朋友的想象力和创造力是无限的！培养创造性和批判性思维才是这个小游戏中最重要的。

赶快动手试试吧！

每次路过一条小溪或一条河时，别忘了捡起一些石头，因为有很多创造性的活动可以用它们来完成。

《无翼鸟》和《小鸟PK大鸟》创意教学

一、激情导入

师：同学们，我们一起来分享关于"鸟"的绘本，好吗？

生：好。

师：请看绘本——《无翼鸟》。（播放V影绘本，学生全神贯注地观看。）

（主要内容：一只鸟，生来无翼。但它有梦——飞翔的梦。为了圆梦，它在悬崖峭壁上制造森林。"森林"造好了，它来到山顶，先是助跑，然后头朝下，"飞"向万丈深渊……）

二、我手写我心

师：看了《无翼鸟》，每个人心中都有一位"内在老师"引导你产生心灵感应。我手写我心，写出你最想说的那种心灵感应。请不拘一格，自写自话。

（孩子们奋笔疾书。）

三、交流分享

师：一个人写的东西，能经得起读，那就很好。请你们放声朗读自己的习作——这是对自己习作的一种自我肯定。

生：我写的是《醉在她建造的梦里》。一只无翼鸟，生来便没有用来飞翔的美丽翅膀。但是，她有"飞翔"的梦。为了实现她的梦，她凭借双脚把一棵棵树木垂直钉在悬崖峭壁上，经过一天天的努力，"森林"造好了，她开始"放飞"梦想了。来到山顶，她先是助跑，然后头朝下，"飞"向万丈深渊……她从自己营造的"森林"里飞过，风从她的耳际掠过，云从她的身边飘过，梦从她的心里穿过……她激动得潸然泪下，一颗晶莹的泪珠从她的眼眶滑飞，她闭上了眼睛，她仿佛醉了，醉在她建造的梦里……

师：听了《醉在她建造的梦里》，我醉在他的文章里！（笑声）

生：《无翼鸟，我为你点赞》。这是一只有梦想的无翼鸟，为了实现飞的梦想，它用勤劳的双脚植树造林，它用恒心和毅力把成千上万棵大树钉在悬崖上。"飞"向谷底只是一瞬间，那一瞬间的美好足以满足一生的心愿。了不起！无翼鸟，我为你点赞！

生：没有翅膀怕什么，可以用双脚创造翅膀！我为正能量满满的无翼鸟点赞！

生：无翼鸟天真可爱，就像我们这群孩子。我们也没有翅膀，也想飞翔。无翼鸟的故事告诉我们，飞翔不是梦，梦不在梦里，梦在行动里！

生："无翼鸟的故事告诉我们，飞翔不是梦，梦不在梦里，梦在行动里！"这句话闪闪发光！我喜欢！

生：《人人都是无翼鸟》。每个人的心里都有一只无翼鸟，都有飞的欲望，欲望可以让人心生翅膀，随梦飞翔。

我的心里也有一只无翼鸟——飞向中央美术学院。即使我没有双手，没有双脚，甚至没有双眼，我用意念之手、之脚、之眼，也要飞向中央美术学院！

师：祝你好梦成真！（掌声）

……

师：我心中也有一只无翼鸟，梦想回归童年，好好地经营童年，美美地享受童年！听了你们的习作，我的心被"童"化了，被深深地"童"化了！

师：美籍华人作家薛涌的书中有这样一段话，请看PPT。

列车正驶过海边一片广阔的平野，铁路两侧随风摇曳的树在车窗外飞逝而过，仿佛是一行绿色的舞女。

五岁的女儿惊喜地用小手指着窗外叫起来："妈咪，那真是美丽，就像电影一样。那是一种破碎般的美丽！"

师："破碎般的美丽"，是女孩和景色直接撞击而产生的。这诗一般的语言，散发着一种不规则的原创美。孩子与生俱来就有创造"不规则原创美"的语言天赋。让我们先来玩一次"撞击"——与绘本《小鸟PK大鸟》撞击。（播放V影绘本，约三分钟。学生聚精会神观看。）

师：绘本《小鸟PK大鸟》深度撞击了你的眼球，撞击出的想必是一段段具有"不规则原创美"的话。请直抒胸臆、自由表达。

（学生自由写作，约一刻钟。）

师：有人说，写得好，不如读得好。读是为了欣赏，为了分享。我们姑且把它分为三个步骤：一是自读自赏；二是互读互赏；三是共读共赏。先请大家自读自赏，看看你的习作是否文从字顺。

（学生自由读自己的习作。）

师：再请同桌或者前后位的同学，交换习作，互读互赏。互读互赏时，不妨动笔批注同桌习作的优长，当然也可指出不足。然后，我们对话交流。

生："看了绘本《小鸟PK大鸟》，我觉得，这群鸟真有意思。开始是一只小鸟落在电线上，后来是一排小鸟，再后来一只超级大鸟落在它们中间，超载的电线被压弯了，小鸟顿时挤成一堆，很不舒服。大鸟一不留神，倒挂金钩。靠它最近的两只小鸟，趁机落井下石，在群鸟的助威声中，拼命啄它的脚，它最后支撑不住了，倒栽葱落地。没想到的是，所有的小鸟也被电线弹飞。落地后，一个个变成了赤裸裸的'肉鸟'……"

同桌写得很形象、生动。例如，"倒挂金钩""倒栽葱"用词恰如其分！

师：对这篇习作，其他同学的看法是？

生：我觉得结尾好像没写完。如果能加上一句更好，譬如："争来斗去，两败俱伤啊！"

师：好！画龙点睛之笔！

生："《排斥》。看了绘本《小鸟PK大鸟》，我便想到了转学走了的一位同桌。她在的时候，我们几个女生，就是不愿和她一起玩。一次课间跳绳，我们正跳得欢，看见她来了，我们几个干脆不跳了，一起跑了……后来，由于家庭的原因，她妈妈改嫁了，她也随之转学了。现在想想，觉得当时排斥她，很不是滋味，多么希望她能再回来！"

读了同桌的习作《排斥》，我觉得他写得很真纯，能够从鸟想到人。这是我应该学习的。

师：你是在欣赏中学习，在学习中欣赏！

生：我同桌的题目是《小鸟PK大鸟》，题目引人入胜，人们就想知道故事的内容。

生：同桌的题目是《光身音符》，引人入胜。他的作文内容欢快活泼，妙趣横生——

"那一群小鸟天真可爱，就像我们这群调皮捣蛋的孩子。它们在电线上跳来跳去，就像一个个活蹦乱跳的音符。似乎所有的耳朵都在聆听它们演奏的乐曲。一只大鸟落在它们中间，电线往下掉，变成了'V'字形。大鸟被啄落地，一个个'音符'也成了光着身子的娃娃！但是这些光身'音符'知道害羞，悔不当初！……"

师：同学们会欣赏，同桌写得有声有色，你们品得有滋有味！下面，请同学们共读共赏，自告奋勇读自己的习作，大家一起分享。（一生上台）请自报姓名。

生：我叫冯琛媛。世界上没有完全相同的两朵花，任何花都有属于它自己的那份美。

师：你就是班花之一！（笑声）

生：是花终会绽放，但需要静候！

师：静候你的绽放！

生：如果世界上有些花有缺陷，更需要用水去浇灌，用阳光去温暖，用真心去静候。

师：现场的每位老师，都是一滴水，都是一缕阳光，都是一片真情……

生：我们要用心感受生活的美。有圆满的美，也有破碎的美；有人工的美，也有自然的美。我们要接受一切美，包括大鸟、小鸟的美！

生：我叫王子辰。我写的是《鸟的故事》："电线本无鸟，群鸟来争吵。上天一发笑，鸟儿落地了。大鸟嘴啃泥，小鸟脱光毛。"（掌声！）

师：多么空灵的儿童诗啊！（笑声）能否改个题目呢？

生：上天一发笑。

生：无题。

生：电线本无鸟。

师：你选一个吧。

生：电线本无鸟。

师：尊重你的选择。谁来挑战王子辰？（三位女同学上台）谁是大姐、二姐、三姐？自己排序。（她们自动排序）大姐先来——

生：这是一群多么快乐的鸟啊！看不出它们有一丝忧虑，不用上课，不用作业，不用考试！我常常想当一只鸟，早上起来就唱歌，晚上就睡在树上，想飞到哪里飞到哪里。每天都快乐，一生都快乐！

师：大姐渴望自由、飞翔、快乐！艺术家！二姐呢？

生：我叫段含玥。

师：好诗意的名字。

生：《心里有一条电线》。人人心里都有一条电线，第一天会落上大鸟、小鸟，它们相互争吵，心生无限烦恼。第二天，还会落下大鸟、小鸟。直到有一天，电线断了，鸟儿不来了，人也完了……（热烈鼓掌）

师：掌声就是认同！二姐，心理学家！三姐呢？

生：我叫谭慧！《一、V、一》……

师：读拼音，还是念外语？（笑声）

生：题目。

师：与众不同。

生：一=一条电线=平衡；V=小鸟PK大鸟=不平衡；一=一条电线=平衡。世界就是在"平衡、不平衡、平衡"中运动的。

师：呵！三姐，哲学家！令我钦佩的"艺术家、心理学家、哲学家"请上座。（搬来三张凳子，请大姐、二姐、三姐落座。）我坐在你们的面前，甘做你们的学生，我们来张合影吧。（这时台下有老师上来抓拍镜头）……

师：分享你们的习作，我倏地明白法国生命现象学家米歇·昂利的金言："创造一部作品就意味着创建一个世界！"你们每一个同学，都通过现场习作创造了一个精神世界！

四、诗意收课

师：我深深地知道，儿童绝对不是迷你版的成人，而是成人之外的另一种"人类"。与其说教儿童读绘本，不如说向儿童学习如何读绘本。这节课，从你们身上学到的，比我能教给你们的更多！行年渐长，红尘渐染。无限滋生的物欲与膨胀的功利，密密地封锁了我的诗性与神性。在上天的眼里，我是"盲人"。迷茫之中我在找寻光明——左眼是童诗，右眼是师童。

《月亮上扫星星》创意教学

一、课始，激趣导入

师：同学们，我们一起欣赏一个V影绘本。[播放V影绘本：一艘小船在海中缓缓行驶，船上坐着祖父孙三人，白胡子爷爷主张孙子的帽子戴高点，黑胡子爸爸主张儿子的帽子戴低点……（定格画面）]。显然，船上的爷爷和爸爸各有主张，说明他们——

生：想法不一样。

生：爷爷想让孙子高傲，爸爸叫儿子要低调。

师：真会联想！

二、课中，引发思辨

1. 帽子究竟该怎么戴

师：如果这个孩子是你，你怎么办？

生：我把帽子戴在中间，不偏不倚。

师：中庸之道！中国传统文化学得不错！

生：我怎么舒服就怎么戴。

师：你有个性，服从个人的内心！

生：我要戴低一点。为人要低调一点。

生：按自己的想法戴，不要受别人的左右。

师：你的意思是说"白胡子"和"黑胡子"都左右不了你，对吧？

生：是的。无拘无束，想怎么戴就怎么戴。

2. 放飞孩子们的想象

[继续播放V影绘本：一轮明月从海上升起，明亮的月光笼罩着小船，小船仿佛在月亮里行驶，黑胡子爸爸抽出了船上的梯子，孩子顺着梯子爬了上去……（画面定格）]

师：他要爬向哪里呢？大胆想象。

生：他要爬到月亮上去。

生：他要爬向月亮，把月亮吃了。

师：好大的胃口。

生：我觉得他要爬到嫦娥的月宫里去。

师：很会想象。

生：爬向白云。

生：爬向月亮，把月亮捉下来。

师：很有力度。

生：爬向天空。

师：我们接着往下看。

（继续播放V影绘本：孩子爬呀爬呀，爬到了天梯顶端，忽然就飘了起来，原来他爬到了月亮上。月亮上遍地都是金黄的、闪亮的星星。忽然，一颗流星划过天际，落到了铺满星星的地面上，孩子蹦蹦跳跳地看着陨落的流星。这时，传来白胡子爷爷的喊声，原来，白胡子爷爷和黑胡子爸爸也爬上了月亮。）

师：祖孙三人，都爬上了月球，月球上遍地是？

生：金光闪闪的星星。

生：金光闪闪的星星糖。

师：金光闪闪的星星强调了"色彩"，金光闪闪的星星糖不仅强调了"色彩"，还有"味道"。

生：上面铺满了人类到上面的快乐。

师：我们的想象突然间从具象化为了抽象。这就是思维在变化。

生：我觉得这些星星都是人类美好的愿望。

师：不单是一个人的愿望，是所有人的美好愿望。从个体走向了群体。

生：人们过上了美好的生活，很幸福。

师：愿望是虚的，生活是实的，且充满情感！

生：满月球都是金光闪闪的金子。

师：当你说到金子的时候眼睛都在发光。

生：从天空到流星们的遗体。

师："遗体"这个词说得很有味儿，只有从你嘴里能说出来，我很欣赏你。你欣赏我吗？

生：欣赏。

师：欣赏我什么？

生：你是个好老师。

师：过奖了，我离你的要求差得远呢！

生：星星们代表着人们美好的生活。

师：你看到了金光闪闪的东西，你就有了发言权，你想让它是什么，它就是什么。它是那样尊重你。他们想干什么？我来听听大家的意见。

生：他们想在月球上建造美丽的家园，快乐地生活下去。

生：他们想把那些星星聚拢在一起，用星星建房子。

师：世界上的建筑学家都没你这样敢想象，用星星建房子。

生：陪伴月亮，陪伴嫦娥。

师：善行善念。

生：他们想把星星带走。

师：带到哪里？

生：人们居住的地方。

生：他们要把星星全部带往地球，送给那些贫穷的小孩。

生：他们要把星星全部带往地球，送给那些快乐的人们。

生：如果星星代表着人们的快乐生活的话，他们想带给人们快乐和幸福。

生：他们想把星星带到地球，为那些贫穷的人点上一盏盏灯。

师：你们不就是一颗一颗星星吗？一颗颗闪耀着自己思维的星星。

生：如果每颗星星都代表着人类的愿望，他们想满足人类的愿望。

［继续播放V影绘本：白胡子爷爷和黑胡子爸爸都拿起工具打扫着星星，黑胡子爸爸用拖把把星星聚拢在一起，而白胡子爷爷则用扫把把星星一颗一颗扫到一起，星星发出咣当咣当的响声。黑胡子爸爸叫孩子像他那样用拖把打扫，把星星聚拢起来，而白胡子爷爷要求孩子像他那样用扫把一颗一颗地打扫。两人争执不下，孩子看看爸爸，又看看爷爷，不知该如何是好。就在他们争得面红耳赤的时候，一颗巨大的星星落了

下来,发出耀眼的光芒……该拿这颗巨星怎么办呢?爷爷和爸爸又开始争论不休。孩子仔细地端详着眼前这个庞然大物,用手摸了摸,星星随着他的触摸,发出了熠熠的光芒。忽然,他灵机一动,朝着这颗巨星的顶端爬去,全然不顾身后正在争吵的爸爸和爷爷。不一会儿,他爬到了星星的顶端,爸爸和爷爷被他的举动镇住了,停止了争吵……(画面定格)]

师:三代人啊,"白胡子""黑胡子""没胡子","白胡子"说星星该这样扫,"黑胡子"说该那样做,"没胡子"不知该听谁的。因为扫星星可以用"白胡子"的办法解决,也可以用"黑胡子"的办法解决。最终大星星落地的刹那,"白胡子"的扫把,"黑胡子"的拖把,全都派不上用场了。这时,孩子爬上了星星,他会干什么呢?

师:依然是没有标准答案,答案在哪里?书本上没有,试卷上更没有,就在你目前的状态里。你不动脑不思考,根本找不到;动脑思考,不一定找到。找到和找不到是另外一回事,关键是要找。

生:他想告诉爸爸和爷爷,扫把和拖把都无用武之地。

生:他觉得他应该先去观察。

生:他想知道星星里有什么。

生:他想听听星星的声音。

生:他在想这一颗星星和之前坠落的那一颗有什么关联。

生:他想去倾听星星的心灵。

师:有没有关联只有星星能告诉他,做一个和星星能对话的人。

生:找找星星的弱点,看看怎么把它弄走。

师:凡事都有漏洞,都有可以击破之处,要找。

生:听听星星的想法。

师:星星愿不愿意告诉你,那是另外一回事。

生:他想爬到星星上,靠自己的重力,把星星压倒。

生:他相信星星都是有生命的。

生:他会骑着星星飞。

师:只要他一骑上去,星星就开始启动了,这个解决的办法很奇妙。

生：他会站在星星上，和爷爷、爸爸说，他有自己的想法。

生：他会用心与星星交流。

生：他会问星星，是不是也有这样的爸爸和爷爷，让他左右为难。

（继续播放V影绘本：孩子采取完全不同于爸爸和爷爷的做法，爬到星星上，仔细地看了看，找准关键点，四两拨千斤，轻轻一敲，一颗大星星顿时化作"星雨"。）

师：看到这里，你最想说什么？

生：我们做事应该有自己的主见。

生：世界真奇妙，有那么多美丽的故事，只有你想不到的，没有你做不到的。

生：针对爷爷和爸爸的行为，我想说大人不能强迫孩子做某件事。

生：月亮这么美，这么明亮，原来是因为他们一家人在打扫！

三、课尾，对话总结

师：有人说，那颗巨大的星星被孩子用锤子轻轻一敲——

生：顿时化成了漫天星雨。

师：那一刻，黑胡子爸爸呆了，白胡子爷爷傻了，全世界醉了。有人说，每个人心里都住着"祖孙三人"，常常会遇到"大星星"一样的问题，爷爷、爸爸的"老办法"不管用，就要用孙子的——

生：新办法。

师：问题是孙子会不会变老？

生：会的。

师：所以那个办法一旦被使用之后就是——

生：老办法。

师：所以遇到问题，我们应该对准关键点，轻轻一敲。

生：问题就"星碎"了。

师：有人说，我原以为他们是去月亮上寻找宝藏，把金色的星星装到船上去，全部运回家，当圆月变成弯月，他们收工回家，我知道我错了。有人说，月光真美，比月光还美的是想象，比想象更美的，是扫星人的智慧。

　　三代人都有智慧，我们不可以否定"白胡子"的智慧，也不能忘却"黑胡子"的智慧。"黑胡子"的智慧也是从"白胡子"那里传承来的。"没胡子"的智慧是建立在"白胡子"和"黑胡子"的智慧之上的。"没胡子"的智慧出于"黑胡子"和"白胡子"的智慧而胜于"黑胡子"和"白胡子"的智慧！

第三节 创意案例

追求原生态的课
——《失落的一角》实录与反思

一、课堂实录

师：来自全国各地的老师们，下午好！这是一节充满创意的原生态课堂，她将嫁给一双双会审美的眼睛，以及一颗颗追求品位的心灵！（掌声）

师：孩子们，下午好！（神秘地）我从好远好远的地方来，给你们带来一份十分养眼的礼物，想不想一睹为快？

生：（群情激奋、充满期待）想——

师：请闭上眼睛。我倒数五个数，然后再睁开眼睛，就能看到"礼物"。五、四、三、二、一。请看屏幕——

（学生观看V影绘本《失落的一角》，五分钟。）

师：我发现了世界上最美的场景——一双双眼睛，被屏幕上的画面深深地吸引了。绘本《失落的一角》仿佛一个巨大的磁场，牢牢地吸引了在座的每个人的眼球。喜欢这个绘本的请举手。（小手如林）

师：喜欢总有喜欢的理由，快快拿出笔，打开本子，在上面写出你喜欢的理由。只写一条理由。时间两分钟。

（学生奋笔疾书。）

师：下面，请说说你喜欢的理由吧。

生：这个绘本有声音，有画面，很吸引人。

师：难怪每个人都看得目不转睛。

生：我感觉这个绘本很有趣，因为从它的音乐、画面中感到了一些幽默。

师："幽默"，关键词。

生：我非常喜欢这个绘本，轻松的画面，激情的音乐。

师：好！画面、音乐，和谐统一。

生：故事情节精彩，给我留下一个坚强的印象。

师："坚强"，关键词。

生：这个绘本让我懂得了世界上没有过不去的坎，没有克服不了的困难。

师：哲理般的思绪，诗一样的描绘。好孩子！

生：虽然它是一段没有色彩的故事，但它告诉了我很多、很多……

师：画面是黑白的，我们的想象却是五彩缤纷的。

生：它让我懂得了一个道理——十全十美什么都不缺的时候，也不一定是最幸福的。

师：将来的哲学家就这样初露端倪了！

生：这个故事令我深思。

师：深思是最有内涵的。

生：它告诉我很多、很多……

师：很多、很多的后面是省略号，引人深思。思考是绽放在大脑里的最美的花朵！

生：绘本告诉我，对于圆球来说，可谓有得有失。

师：辩证地看问题，了不起！

师：一千个观者，就有一千个解读这个绘本的角度。有人曾经拿了三块"敲门砖"，来敲击它，试图擦燃火花。先看第一块"敲门砖"。请读一读屏幕上的文字。（投影）

主题一：未完成。

（1）梁山伯与祝英台，罗密欧与朱丽叶……让人低回叹息的伟大爱情，是未完成的。

（2）项羽自刎乌江，拿破仑兵败滑铁卢……令人感动的英雄伟业，是未完成的。

（3）曹雪芹的《红楼梦》，舒伯特的《未完成》……使人百读不厌的作品，是未完成的。

……

【思绪】未完成是一种生活常态，是一种生命状态，也是一种人生态度。唯有未完成，才需要不断地追求。

师：人生中的每一件事情都有未完成的时候，未完成，就要不断地追求，不断地努力。这块"敲门砖"，敲击我们的心门，让我们思绪——

生：万千。

师：让我们浮想——

生：联翩。

师：看，第二块"敲门砖"（投影），请读一读。

主题二：高贵的残疾。

从盲诗人荷马，到双耳失聪的大音乐家贝多芬，双目失明的大作家博尔赫斯，全身瘫痪的大科学家霍金，当然，还有又盲又聋又哑的永恒少女海伦·凯勒；

从受了腐刑的司马迁，受了膑刑的孙子，到瞎子阿炳，再到坐着轮椅在文字之境中自由驰骋的史铁生。

古今中外，高贵的残疾，举不胜举。他们的肉体诚然缺损了，但他们的生命因此也缺损了吗？

师：身体可以缺损，精神可以缺损吗？有力地叩问，深度地思考。注意：第三块"敲门砖"！（投影）

生：主题三是欣赏残缺。

第五章　绘本阅读教学创意 | 229

师：这是？（投影图片）

生：维纳斯。

师：有人尝试为她接胳膊，不知有多少人费尽心思，接来接去，感觉还是不如原来美。

师：这是？（投影图片）

生：圆明园。

师：看看这残垣断壁，想象它历经的沧桑。

师：这是？（投影图片）

生：罗马柱。

师：看看它的残缺，想象它曾经的创伤。那么，我们怎样来欣赏残缺呢？（投影）

一个只能接受完美的人，他看到的总是残缺，所以，总会受到残缺的伤害。

相反，一个能欣赏残缺的人，看到的都是美，因为他能从残缺中看到美，所以，这世间反而无处不美。

师：三块"敲门砖"，既敲击绘本，与绘本对话，又敲击心扉，与我们的心灵对话。我们一定有自己的想法。闭上的眼睛，静思片刻，想一想，有什么话要说？

（学生闭目静思。）

师：拿出你的纸和笔，你此刻最想说什么，就快速写下来。当文字落下的时候，那就是你最美丽的容颜。时间不超过九分钟。

（学生下笔如有神。）

师：（九分钟过后）请放下手中的笔。同桌交换习作，彼此做读者。快速浏览，画出你最欣赏的一句话。

（学生边读边画。）

师：你有一个苹果，我有一个苹果，彼此交换的时候，各自得到？

生：一个苹果。

师：你有一篇习作，我有一篇习作，彼此阅读的时候，每人得到？

生：两篇习作。

师：这就是共享。

师：请读你的习作。

生：世界上有很多人为了实现自己的梦想失去了手或脚，但他们的精神没有残缺，还继续向自己的梦想前进，这种人是可敬的。

师：这句话写得好！一个六年级的孩子懂得，追求就要有所付出。掌声鼓励。

生：十全十美不一定是最美的，有时残缺也是一种美，它能勾起人们的记忆，带给人们无限的遐想，例如北京的圆明园，它的残垣断壁能唤起人们对清政府与八国联军的痛恨和振兴中华的信念。

师：请改一改，是英什么联军？是英国和哪一个国家烧的圆明园？

生：英法联军。

生：世界上没有一样东西是完美的，每个人或每样事物都有优点也有缺点。有时候残缺也是一种美，那是一种残缺的美。

师：请把你的习作拿到前台来，跟我一起走，让我牵着你的手，这一段路非常好走。（笑声）你叫什么名字？告诉大家。

生：张艳南。

师：张艳南同学，你非常棒！我还愿意聆听，像心灵在场的每一个同学一样愿意聆听你的习作。拿起你的习作，像播音员一样大方、自然地读一读。

生：世界上没有一样东西是完美的，每个人或每样事物都有优点也有缺点。有时候残缺也是一种美，那是一种残缺的美。

师：现场考问一下，孙老师有没有优点？

生：有。

师：比如，我的长相……

生：眉清目秀。

师：改成"浓眉大眼"可能更符合实际点。（笑声）

生：我觉得孙老师的眼中闪着智慧的光芒。

师：谢谢欣赏！

生：我觉得孙老师的脸是非常严肃的。

师：但是，孙老师的心却是非常和善的！这样一转折就出彩了。你有没有发现孙老师的缺点？比如，你看一看。（转过身去）

生：头发稀少。

师：（自我解嘲）前面看很帅，后面看少了一块。你怎么解释我这里少了一块？

生：聪明绝顶。（掌声）

师：聪明但愿不绝顶，这样就更好了！（笑声）

生：（插话）有时候残缺也是一种美。

师：你们俩联手"评议"我，一个说我聪明绝顶，一个说我有"残缺的美"。异曲同工啊！

生：（插话）英雄所见略同。

师：好一个英雄所见略同！（掌声）

师：你们俩握握手，好吗？（男女生握手）

师：孙老师把她这篇习作宝贝一样地欣赏了一番，每个人都要像孙老师一样再次欣赏自己的习作，同时看看哪个地方还可以修改得更好一点。然后你要告诉大家，你原先怎样写的，现在怎样改。哪怕修改了一个字乃至一个标点符号都好。好习作是写出来的，更是改出来的。

（学生修改习作两分钟。）

师：谁愿意先来念一念自己的习作？举手的很勇敢，愿意到前面读的更勇敢。

（三位男生走向前台。）

师：男生就是男生。（笑声）其实女生更厉害，暂时是显龙卧凤。（笑声）

师：做了父母的都知道，孩子是自己的好，有人说文章就是自己精神的孩子。文章自然是自己的好！（笑声）

师：爸爸妈妈都怎么喊你？

生：儿子。（笑声）

师：就像喊儿子一样，亲切、自然、真情地读读自己的习作。看看三位男生的表现。

生：一些伟人，譬如海伦·凯勒、贝多芬，虽然他们身残，但是他们的精神却更加崇高，永垂不朽。

师："更加崇高，永垂不朽。"如果你读第二遍，肯定连标点符号都能读出来，不信试一试。

生：一些伟人，譬如海伦·凯勒、贝多芬，虽然他们身残，但是他们的精神却更加崇高，永垂不朽！

师：最后读成什么号了？

生：感叹号。

师：原来读成什么号？

生：句号。

师：这样就叫读得好，读出了感情！

生：一个东西的身体残缺了，可它的心灵可能是圆满的，反之，一个身体不残不缺的东西，它的心灵却可能是残缺的，所以我们要学会欣赏残缺的东西，因为终有一天我们会在残缺中发现美，到那时，我们便可发现世界上无处不美。（掌声）

师：你要告诉我，你有没有恐高症？

生：没有。

师：我扶着你，站到凳子上去。（顺手搬过来一个凳子）

（该生在老师搀扶下，站到凳子上。）

师：（用手比画了一下，站在凳子上的同学比老师高）一个精神巨人"诞生"了。（笑声）

师：再听一听"巨人"的声音，欣赏一下他充满哲理的习作。

（学生含羞，气息吹响了话筒。）

师：他这是未成曲调先"蕴"情。（笑声）

生：一个东西的身体残缺了，可它的心灵可能是圆满的，反之，一个身体不残不缺的东西，它的心灵却可能是残缺的，所以我们要学会欣赏残缺的东西，因为终有一天我们会在残缺中发现美，到那时，我们便可发现世界上无处不美。（掌声）

师：请回位。

（男生可能有些害怕，不自然，身体不停扭动。）

师：像我一样站着，我就是你的榜样。（示范站姿）

（生模仿，立竿见影。）

师：好孩子，进步很快。（笑声）

生：军人缺失了他的手脚，那是他勇敢的象征；圆明园失去了往日的风光，留给人们的却是无尽的深思。（掌声）

师：掌声就是对你习作的最好认可！回位。你看，乐颠颠地回去了。（笑声）

师：刚才，是"显龙"腾飞，现在是"卧凤"翻飞。哪一个女孩子敢挑战男生？大家推荐一位女生吧。

生：陈诗尧。

师：你叫？

生：陈诗尧。

师：诗尧同学，拿好你的习作本，对你的要求比较高，一会儿有特写镜头的。

生：人生不可能……

师：不用慌，酝酿感情了吗？

生：没有。

师：同学们的眼睛是亮的。

生：（饱含感情）人生不可能总是十全十美的。

师：你发现当她一酝酿感情的时候，她后面的马尾松怎样了？要看细节啊，会看的看门道，不会看的只能看热闹。再读第一句。

生：人生不可能总是十全十美的。

师：有没有新发现？

生：（恍然有悟）她头后的马尾松总是左右摇摆的！

师：多会欣赏啊！女生做最细微的动作通常都是男生发现的。（笑声）

师：请诗尧同学接着读。

生：有的人腿瘸了，但是他看别人走得正。有的人精神腐了，他却

说比别人走得正。前者难道不可爱吗？后者难道不可笑吗？（掌声）

师：来也匆匆，去也匆匆。匆匆相见，又要匆匆分手，分手之际，让我们说一声……

生：拜拜。

师：下课！

二、教后反思

（1）这是一节"赏读绘本""读写结合"的创意公开课。40分钟之内，高规格、高质量、高品位地完成这一系列的规定动作，一如奥运赛场上的平衡木比赛，把过程的紧张、惊险留给自己，把结果的艺术与享受留给观众。

（2）享受"读写结合"的创意公开课，意味着享受它的简约与张力。

"简约与张力"，缘何可以视作一种作文教学的理念实践到这种大型的公开课中呢？

先从一个QQ对话片段谈起：

问：对美国教育的评价是？一句话。

答：比较简单、踏实，注重对学生生活的实际意义。

这是某特级教师与去美国读高三两个月的儿子的对话片段。

同样的话题，再对话他儿子上了高三的原校友。

答曰："考试。"

与昔日同学分别两月，当刮目相看。他儿子对美国教育的理解开蒙了我们对本土教育的深度审视与积极叩问：教育，当让谁点头，谁鼓掌？

设若，教育要让学生点头与鼓掌，那么，其旨归要追求"简单、踏实，注重对学生生活的实际意义"。

"简单、踏实，注重对学生生活的实际意义"这一学生的教育体悟，可否视作一条习作教学的理念，并化作一种教法惠泽学生呢？

"简单"，意味着举凡科学的，经过复杂的组序之后，最终的表现形式与操作方式都是简单的。譬如，鼠标一点，世界万象尽收眼底；电钮一按，神舟飞船遨游太空。

"踏实"，意味着大凡生命延续与张力久远、强大的，都须固本培元。因为，根深才能叶茂，源远方可流长。

"生活的实际意义"，意味着生命主体活得更美好，更有品位。

教育要使学生的生活达致有"品位"，这样的美好愿景需要具体而微地落实到每堂课的每个细节之中。

在我看来，一个优秀的创课者，要做到"简单"，就要自觉"变轨"，认同自己是宇宙的儿童，永葆儿童的单纯，与儿童的心灵接轨，教学"手法"可能会由此变得单纯起来；要做到"踏实"，就要自接"地气"，真实地包容人间丰富的情感、体验和思想，"出手"的细节可能会越来越卓尔不凡；要"注重对学生生活的实际意义"，就要怀揣着一颗丰富单纯的圣心，脚踏实地行走在课堂中，牖启学生对生活的真、善、美充满精神渴望与热切追求。

设若，一颗被各种人际关系与唯考是教的利害计算占据着的、缺乏精神内涵的贫乏而复杂的心灵主宰了课堂，怎敢奢望长期浸泡其间的学生能够心悦地点头、诚服地鼓掌呢？

（3）简单是复杂的反极，是一种省事的方法和手段。简单不等于简约。简约是优良品质经不断组合筛选出来的精华，是将物体形态的通俗表象，提升凝练为一种高度浓缩、高度概括的抽象形式。简约是一种品位，是一种大气和直白的"行为语言"。

简约的心态是以现代生活为背景的。

现代人的快节奏、高频率、满负荷，已经到了无以复加的地步。人们在这日趋繁忙的生活中，渴望得到一种能彻底放松、以简约和纯净来调节转换精神的空间，这是人们在互补意识支配下，所产生的亟欲摆脱繁琐复杂、追求简约的心理。这也是人们喜欢阅读绘本的动因。

（4）绘本《失落的一角》：一线，一角，一圆，一色，运用了最少的绘画语言，表达了最深的思想内涵，可谓简约。绘本简约，言约意丰。它在有限的画面与文字空间里容纳了多种意义。这种多义性表现为意义的多向度性，使整个文本空间内的冲突多样化、丰富化，从而积聚了大量的张力。张力随着熔铸在文本的形式层面与内容层面之中的情感，在不平衡到平衡再到失衡的动态过程中跌宕展开，且高频率震荡，吸引读者的眼球，让其爱不释手。

（5）大圣若凡，大道至简。简约是一切事物的本体。本体潜蕴着生命张力的基因。教学中，一旦回归了绘本欣赏与读写结合的简约的本体，就放飞了师生生命共同体张力的自由——自由地用自己的眼睛去发现，自由地用自己的大脑去思想，自由地用自己的笔触去表达，自由地按自己的空间去生长，自由地按自己的轨道去翱翔。

一次创课，一次诞生
——《V影绘本创意教学》实录与反思

V影绘本"横空出世"，张扬着网生一代的艺术梦想，它与生俱来的互联网做派与气质，不但更新着电影文化的内涵与外延，而且颠倒了电影的传播方式。V影绘本，作为"屏读"教学创课文本当仁不让地介入课堂，具有不可化约的视觉力量、精神力量、整合力量、主题力量与内容力量。现呈《V影绘本创意教学》实录与反思，以飨同仁。

一、课堂实录

1. 激情入课

师：南宁的小朋友们，上午好！孙老师给你们精心准备了一份养眼的礼物——V影绘本。

（学生好奇地看着老师，期盼着赶快得到这份礼物。）

师：你们喜欢看吗？

生：喜欢！

师：V影绘本，已经当仁不让地走进了新时代，成为视听的新宠。许多人喜欢V影绘本，有的甚至创作V影绘本。这不，有个学生就首创了一部V影绘本。你想不想一睹为快？

生：想！

师：请拭目以待，让我们一起来欣赏这部V影绘本。欣赏是有条件的——请你仔细看、认真听、用心想。

（播放V影绘本，约五分钟。学生全情投入、目不转睛地观看V影绘本。人人脸上都洋溢着兴奋与喜悦之情。看完V影绘本，学生由衷地鼓掌！）

2. V影绘本命名

师：掌声说明，V影绘本极富感染力！你们很喜欢！刚才你们在看V影绘本，我在看你们的眼睛。从你们目不转睛的神情看，这哪是V影绘本啊，它仿佛一块磁石，深度吸附着在场的每个人的眼球！这表明你们对V影绘本有兴趣，有深深的兴趣，才有如此专注的眼神，否则，早已人在会堂，心在外喽！

小朋友们，刚刚看过的V影绘本，遗憾的是它还没有名字，大家来给它取个合适的名字怎么样？快速拿出纸和笔，看看能不能在一分钟之内给你看过的V影绘本取个名字。

（学生开始给V影绘本命名。）

师：不论取什么名字，都是你目前的真实思考的呈现。请读读你取的名字好吗？

生：我取的名字是《跳人儿》。

师："跳人儿"和"跳人"，有什么不一样？

生：如果用"跳人"做题目，也没有什么错误，只是略显得生硬些。"跳人儿"，加了儿化，这个题目便显得V影绘本中的跳人很活泼、很可爱、很好玩。

师：语感很好！但是，为什么《跳人儿》还要加书名号呢？

（学生一时支吾说不上来。）

生：（另一个学生站起来）如果题目出现在一句话，或者一段话里，是要加上书名号的。

师：有理有据！请继续分享大家取的名字。

生：种自己。

师：这个名字取得有味道！

生：可爱的"植物人"。

师：植物人为什么加双引号？

生：此植物人，非医学上的植物人，特指V影中的那个人。

生：种人。

师：名字取得有诗意。

生：长在花盆里的人。

师：取名取得很形象。

……

3. V影绘本短评

师：我们姑且就把刚才看过的V影叫作《长在花盆里的人》吧。

我曾经把《长在花盆里的人》放给学生看，他们个个兴奋不已，人人情不自禁写下了一句句精彩的影评。（投影，请每个学生读一句。）

学生A：我是在幼儿园、小学的花盆里渐渐长大的。

学生B：不砸掉花盆，就无法成长！

学生C：花盆的局限是一定的，自我突破却是无止境的。

学生D：花盆里的人在看似没有变化中变化。

学生E：人生是不断更换花盆的过程。

学生F：人要自己给自己降雨，自己给自己施肥，自己种自己。

学生G：人生就是不断打破囚禁与束缚的成长过程。

……

他们在七嘴八舌地议论V影绘本，说得很有味道，有的像诗人，有的像哲人，有的甚至超越了六年级学生的表达水平。如此富有魅力的语言，真令我感佩！

师：听说，V影绘本《长在花盆里的人》要参加影评，有人说它可以获金奖，有人说可以拿银奖。如果你是评委，你给它什么奖？请用一句话写出你的评奖理由。

师：请现场听课的老师们观赏配乐PPT《美丽的白鹭》……

（学生在好听的轻音乐声中书写评奖理由，约5分钟。）

师：请大家发表自己的意见。

生：我给《长在花盆里的人》评金奖，因为它有创意！

师："创意"这个词用得好。说明你懂创意，欣赏创意，将来一定富有创意！

生：我给它银奖，因为它是黑白的。我认为应该增添更多的色彩。但是，我还是想给它金奖，从内容来说，它十分有趣，教会我们要不断从花盆中突破自己的道理。

师：掌声在哪里？（鼓掌）你有没有听清楚，她作为一个评委，既给金奖又给银奖，到底想给什么奖？

生：我想她主要想给它金奖。

师：从制作技术上说它是黑白的，色彩单一，"但是"一转折，肯定了它的内容有趣，短短一句话她采取了先抑后扬的写法。孙老师教你这种写法了吗？

生：没有。

师：这与你平时的学习、积累有关。

生：我觉得应该评它金奖，它告诉我们，不能固定在一个花盆里不动，自己要不断地打破旧花盆，更换新花盆。更新意味着成长！

师：好一个"更新意味着成长"，你不正在更新着自己写作的花盆吗？

生：我给它金奖，因为它告诉我，人可以一次又一次地打破自己的成长纪录！

生：这部V影绘本讲述了一个人的成长过程——不断突破自我，不断挣脱束缚，不断向"高大上"发展。它很励志，我给金奖。

师：排比铺陈，有气势！

生：人应该自己打破栽种自己的花盆，自己给自己施肥，自己给自己浇水，自己茁壮自己。V影绘本给了我力量和智慧，我给它评金奖。

师：评语具有诗情画意，理由充分。

生：银奖——它的制作虽简单生动有趣，让人易于理解，但是人外有人，天外有天，只有更好，没有最好。在我没有看到其他参赛V影绘本之前，并不能认为它一定是最棒的！（掌声）

师：只有更好，没有最好。你在激励创作者要百尺竿头更进一步！

……

师：聆听你们的精彩点评，我倏然想起著名哲学家阿伦特的一个金句——每一个人以言说和行动让自己切入世界，就像人的第二次诞生，具有创新性。

我们每个人都以"自己的语言"，在当下的课堂里，在这个精神的家园里，第二次诞生了，诞生了自己的思想。为自己的"第二次诞生"鼓掌！（掌声）

4. V影绘本分享

（1）分享V影绘本《无尽》。

师：人类所面对的世界，原本是混沌的。但是，人类总是以创造的精神，深入到混沌中去，试图超越自身以及他所面对的世界。而引导人类进行超越的，首先是发生在人头脑中的各种想象性的"图像"。让我们走进"图像"，一同欣赏V影绘本《无尽》。

（学生全神贯注欣赏V影绘本，约三分钟。）

（2）呼唤思想。

师：法国哲学家德勒兹说，图像如同一种呼唤，它能呼唤出人的思想。V影绘本《无尽》仿佛在呼唤，呼唤每个人独特的思想。

什么才是你独特的思想呢？如果你能从V影绘本《无尽》里发现一些看不见的"不可见性"，又能写出你所感受到的"不可见性"，这便是你独特的思想。

5. 动笔写习作

师：请落笔写下你独特的思想。同学们写作的过程中，请在场听课的老师们欣赏配乐PPT《上乘习作教学的追求》……

（学生奋笔疾书，约一刻钟。）

6. 习作欣赏

（1）自读习作。

师：经过激烈的思想交锋，同学们把自己独特的思想落到了纸上。文字落下就是你美丽的容颜。请小朋友们放声朗读自己的习作。为什么要这样做？这是一种自我欣赏、自我肯定。在别人欣赏、肯定你之前，首先要自己欣赏、肯定自己。

（学生第一次朗读自己的习作，声音有些小。）

师：之前或许没有朗读自己习作的习惯，现在开始养成，好吗？

（学生开始放声朗读自己的习作。）

师：第三次放开声音读自己的习作的时候，重点感受是否文通字顺，如果读起来不顺畅，马上修改。

（学生读自己的习作，声音越来越大。）

（2）互读习作。

师：建议同学们默读同桌的习作，发现别人好于自己的地方，哪怕是一段、一句、一词，都圈点批注下来，肯定别人、欣赏别人，就是肯定自己，欣赏自己。

当然，也可以对同桌的习作提出自己的修改建议，哪怕说错了也没关系。

（同桌交换习作，边默读边批注。）

师：（边巡视，边表扬学生批注做得好的地方）你给好的语句画上了波浪线，很好；优美的词语，你加上了着重号，会批注；你在旁边写上了"棒"，会欣赏别人，还会赞扬别人，你也很棒；"一味"这个词用得准确，说明方法的单一，能讲出道理；你在对同桌的习作提出希望，希望多多积累好词佳句，写出来的语句才能更加鲜活生动；你在建议作者，如果能加个题目就更好了。同学们互读习作，互相批注，比老师一个人批作文，批语要丰富得多啊！同龄人看同龄人的习作，心灵共通啊！

小朋友们，请放下你手中的批注，说说你最欣赏哪里。当然也可提出修改意见。

生：我认为同桌悟出了一个道理非常好！

师：什么道理？

生：无论做什么都不要半途而废。

生：同桌习作中说到"做事一味用一种方法"，"一味"说明方法太单一，用词很准确。

生：我同桌说"人能做的事情是无尽的，例如……"他还没写完，我建议他以后写得再快一点。

师：好建议，要提高书写速度！

师：你有一个苹果，我有一个苹果，互相交换，一人还是——

生：一个苹果。

师：同桌习作互相交换阅读，每人便拥有了——

生：两篇习作。

师：如果习作读出来，大家一起听，习作的营养就会输送到更多人的耳朵里去了，这就是共享。让我们共享习作——

（3）共享习作。

师：请同学们推荐一位平时表现机会相对较少的同学先读自己的习作，好吗？

生：我推荐韦金欣。

师：他看好你啊！把机会留给你！

生：我叫韦金欣。《无尽》中那些人总是在重复一件事，脑筋没有转过弯来，没有意识到背后的蹊跷。他们应该善于应变，碰壁的时候，应该换个角度想想，只有重新出发，才能到达目的地。

师：这就是你独特的思考！掌声！（鼓掌）

师：你为什么给她掌声呢？

生：她有自己的理解，有独特的想法，很棒！

师：哦！

师：（与推荐韦金欣的同学对话）你对她的表现？

生：很满意！她不仅写出了自己独特的感受，还大方自信地读了出来。

师：由此，你就转变了对她的看法，是吗？

生：是的。

师：人，都会转变。大家对她已经转变了的行为，再次掌声鼓励！（鼓掌）下面哪位同学自告奋勇读自己的习作？（生举手）谁敢站起来？（一个学生先站了起来）告诉大家你的姓名。

生：我叫蒋昕悦。我的文章题目是《深意》。《无尽》是一部很有深意的V影绘本。

师：开头这就话的关键词是？

生：深意。

师：注意听她是怎样体现"深意"的。

生：它以可爱的黑白画风，演绎了黑白小人的不同活动，或追逐相聚，或追逐玩偶，或追逐休闲，或不停堵漏，或一味攀爬，或难逃束缚……最终，都以失败告终。他们为什么不接受失败的教训，总结经验，调整思路再行动呢？

师：下面是共同欣赏的环节，愿意把自己的习作与人分享的，请举手！（小手如林）勇敢地站起来（几个同学站了起来），自信地走到讲台上来。

（一个学生一马当先跑到讲台上。）

师：请把你文章的题目写到黑板上。（生书写）

师：别看他长得很瘦，但字写得很厚重！

师：你文章的题目是？

生：千重门。

师：听起来是一道门。

生：千——重门。

师：听起来是两道门。

生：千——重——门。

师：听起来是四道门。

生：（一字一顿、语气渐重）千——重——门。

师：好！题目读好了，内容也会读得有声有色。

生：我喜欢《无尽》中的那道难以逾越的"千重门"，它让我感慨多多！

那是幼儿园的门，刚想跨出，小学的手又把人拉了回去；那是小学的门，刚想跨出去，中学的手又把人拉了回去；那是中学的门，刚想跨出去，大学的手又把人拉了回去；那是大学的门，刚想跨出去，工作的手又把人拉了回去；那是工作的门，刚想退休，天堂的手又把人拉了回去……人类的生命历程就是在千重门里不断循环！（整个体育场里响起热烈掌声）

　　师：掌声就是对你习作的高度认可！请你站到凳子上（小作者站到了凳子上），你现在比我高，谁在支持你？

　　生：凳子。

　　师：除此以外呢？

　　生：老师、同学。

　　师：是的。我们都在支持你，做你的忠实听众，想再次聆听你的《千重门》。

　　（学生再次声情并茂地朗读《千重门》。掌声热烈。）

　　师：谁还愿意与大家分享自己的习作？

　　（两个学生同时跑到了讲台上。）

　　师：你们俩商议一下，谁先读谁后读，好吗？

　　生：请懿珊读吧。

　　生：我叫韦懿珊。V影绘本《无尽》告诉我们，做事如果墨守成规，只能无限循环，没有尽头。但是，如果尝试改变做法，哪怕改变一点点，可能结果就会不一样。譬如，那个想摆脱束缚的人，为什么不剪断牵扯他的绳子？如果剪断绳子，他就会逃脱囚禁的大门。不信，就可以试验一下嘛！（掌声）

　　师：请你读！

　　生：我叫何竹君。

　　师：请把你文章的题目写在黑板上。

　　（学生写"第三只手"。）

　　师：这个题目好在？

　　生：吸引人。什么是第三只手？我迫不及待地想知道答案。

师：这个题目能让读者充满阅读期待，好题诱人！我们洗耳恭听！

生：V影绘本《无尽》中有六个场景，我还历历在目——短暂一聚、抓住兴趣、周期休闲、不断修补、努力向上、挣脱束缚。这些生活场景颇有味道。表面上看去，人的追求是割裂开来的，是徒劳无功的；实质上是一个整体，能量巨大。仔细观看，不难看出，冥冥之中有第三只手在暗暗地操纵着人类，把人的每次"追求"都化成能量，最终点燃了人类文明的灯。这难道不比片尾那只扑灯飞蛾的生命有价值有意义吗？

师：此间有真意，看后吐真言！感谢你奉献的精彩习作！

7. 总结收课

师：V影绘本，是有待展开的多种混合意义的开放性储存库。当我们用无利害的态度来关注V影绘本时，它就会处于一种完全开放的活泼样态，通过视觉语言，显现了可见元素背后的不可见的意义群。其艺术价值在于它恒久地隐含着值得人们一再发现和回味无穷的不可见的意义。

希冀我们能够在享受艺术中创造艺术，在创造艺术中享受艺术。

下课！小朋友们再见！

二、教后反思

创课，最忌讳的是"千课一面"。"相同"的课固然常常给人以安全感，然而由此堆积大量习作教学问题而不自知；"不同"的创课，才能真正辉映，才是明白的开始。一味迷信熟悉的"课路"，是教师惰性的体现。创课中涌现的机会、勃发的生机、创造的出路，往往是陌生的。有时，谎言最容易变得熟悉，因为最容易被重复。用同一个技巧指导学生写出千篇一律的作文教学时代应该结束，一个学生思想自由、自说自话的作文教学新时代应该开启！

《V影绘本创意教学》用行动反对任何一种教学的熟巧。因为兜售任何所谓的熟练技巧，都不能让学生成就一流的作品。

《V影绘本创意教学》，显然不是熟巧的行为，而是一次创课，一次诞生。一如前文韦懿珊同学所言："做事如果墨守成规，只能无限循环，没有尽头。但是，如果尝试改变做法，哪怕改变一点点，可能结果就会不一样。譬如，那个想摆脱束缚的人，为什么不剪断牵扯他的绳子？如果剪断绳子，他就会逃脱囚禁的大门。不信，就可以试验一下嘛！"如是佳作，不正是一次生命的诞生？诞生和熟巧合不到一起。请不要相信所谓熟练的写作技巧能让学生诞生好的作文的任何人与任何课。因为"荒谬的东西不会带来解放，它只会带来禁锢"（阿尔贝·加缪语）。